[シリーズ]メディアの未来⓫

ポスト情報メディア論
post information media studies

岡本 健・松井広志 編
OKAMOTO Takeshi & MATSUI Hiroshi

ナカニシヤ出版

まえがき

　本書のタイトルである『ポスト情報メディア論』という言葉の意味については，少し説明が必要だろう。日本語では，最後にくる単語がその言葉の本質を示している場合が多い。本書のタイトルでは，「メディア論」が最後にきている。つまり，本書は本質的にメディアについて語られた論集である。

　このとき，問題になるのは「メディア」という語の指す範囲だ。一般的にメディアという言葉は，マスメディアのことや，テレビ，インターネット，スマートフォンなどの情報通信機器，あるいは，CD-ROMやUSBメモリといった記録媒体のことを指すのに使われている。本書におけるメディアはこれらも当然含み込むが，より広く「何かと何かをつなぐもの」「何かを伝える媒体」と考えていただきたい。このように考えると，さまざまなものがメディアと捉えられることに気づく。さらに，そのメディアがどのような役割や機能をもっているかについて考えることができる。

　さて，本書がメディア論の本であることはわかった。それでは，次の「情報」である。情報という語の意味については第1章で詳しく触れるので，ここではタイトルの意味に限定して話を進めていこう。本書タイトルにおいて情報は，その直後の語である「メディア」にかかっている。そうすると，「情報メディア」という語は「情報を伝える媒体」となる。情報メディアのなかでも，近年では電気的・電子的メディアの存在感が増している。1990年代から2010年代にかけて，さまざまな情報メディアが現れ，あるものは廃れ，あるものは普及していった。それに伴い，情報メディアに関する研究が盛んに行われてきている。こうした研究で述べられていることの総称を「情報メディア論」と考えていただければよい。

さらに、「ポスト」の意味について考えよう。ポストと聞いて多くの人が思い浮かべるのは郵便ポストだろう。まちなかや郵便局にあるあの赤いやつである。あるいは、地位や役職のことをポストと呼ぶし、サッカーゴールの両端の縦棒はゴールポストだ。だが、ここでいう「ポスト」は、これらとは異なり「……の後」「……の次」という意味である。首相や大統領、社長や監督の辞任時期が近づいてくると次の人選を巡って「ポスト＊＊」という使い方がなされる、このときのポストだ。

つまり、「ポスト情報メディア論」とは、「情報メディア論の後」という意味である。情報メディア論では、情報通信機器の発展とともに、社会のありようや文化のあり方がどのように変化してきたかが語られることが多い。現在の日本社会は高度に情報化しており、その変化のスピードも速く、こちらに注目することはもちろん重要である。しかし、その一方で、そこから取りこぼされたものや、情報通信機器がこれほどまでに普及したからこそ日が当たるようになったものもある。本書は、情報メディア論の成果を踏まえながらも、その次を目指そうと編まれた書籍なのである。

編者である岡本健と松井広志は、両者とも大学教員であり、メディア関係の授業を担当している。偶然にも、二人は同い年だ。1983年生まれである。1983年に世に出たものはたくさんあるが、いくつか挙げてみたい。

一つ目は、「東京ディズニーランド」である。ウォルト・ディズニーが1955年にアメリカのカリフォルニア州ロサンゼルス近郊に作ったディズニーランドを元祖として、1971年にはフロリダ州オーランドにディズニー・ワールドが作られた。アメリカ以外でディズニーランドが作られたのは、東京ディズニーランドが初めてであった。

二つ目は、「ファミリーコンピュータ」だ。任天堂から1983年に

発売された家庭用ゲーム機である。このゲームハードのソフトとして発売された『ドンキーコング』や『マリオブラザーズ』『ゼルダの伝説』『ドラゴンクエスト』『ファイナルファンタジー』などは，現在でも関連シリーズが発売され続ける人気コンテンツとなっている。

　三つ目は，「オタク」という言葉である。この語は1983年に中森明夫が雑誌『漫画ブリッコ』のなかで提起した。オタクという語が意味する対象は，時代や論者によってさまざまだが，SFやマンガ，アニメ，アイドル，特撮，ビデオ，コンピュータ，ゲームなど，特定の事物やメディアに趣味的にのめり込む人々のことを指してきた。ちなみにアニメやマンガ，ゲームなどのグッズを販売する店舗アニメイトも同じ年に池袋に一号店を出している。

　これらは，現在のさまざまな情報メディア環境を生み出す元になった重要な出来事の一部だ。本書は，こうした情報メディアの発展に目を向けながらも，それ以外の部分にも目を配り，情報メディアと人間，文化，社会の関係性を多角的に論じるものである。

　最後に，編者以外の著者についても簡単に記しておきたい。それぞれの内容は各部の扉部で紹介するが，本書の執筆者には，メディア論を中心に，社会学，観光学，表象文化論，カルチュラル・スタディーズなど，相互に関わり合う専門領域の研究者が参加している。どの著者も，現代的な「ポスト情報メディア」状況をめぐるテーマに取り組んできた実績のある，あるいは新進気鋭の研究者たちだ。また，日本の研究者に加えて，メディアミックス論の代表的研究者であるマーク・スタインバーグによる初出論文の翻訳も掲載している。こうした多様な論者による『ポスト情報メディア論』は，「メディアの未来」を考える際に重要な手がかりを与えてくれるだろう。

　なお，本書の制作にあたっては，ナカニシヤ出版・編集部の米谷龍幸さんをはじめ同編集部のみなさまにお世話になった。同出版の

「メディアの未来」シリーズを一貫して担当してこられた米谷さんによる的確な助言と迅速な進行があってこその，本書の出版である。ここに感謝を記したい。

2018 年 8 月

岡本　健・松井広志

目　次

まえがき　*i*

第1章　ポスト情報メディア論へ ―――――― *1*
人・モノ・場所のネットワーク　　　（松井広志・岡本　健）

1　はじめに　*2*
2　情報とメディアをめぐる理論　*3*
3　ポスト情報メディア論の可能性　*7*
4　各章について　*14*

第Ⅰ部　人・モノ・場所のメディアミックス

第2章　〈複合的メディア〉としてのゲーム ―――――― *19*
TRPGをめぐる人・モノ・場所から考える　　　（松井広志）

1　「ゲーム」の現在的状況　*20*
2　デジタルゲームとアナログゲーム　*21*
3　TRPGをめぐる「人」　*24*
4　TRPGをめぐる「モノ」　*26*
5　TRPGをめぐる「場所」　*28*
6　ポスト情報ゲーム論へ　*30*

第3章　物流するメディア ―――――― *37*
メディアミックス・ハブとしてのコンビニエンスストア
（マーク・スタインバーグ／岡本　健・松井広志［訳］）

1　コンビニの「物流領域」と「メディア領域」　*38*
2　循環する物流(ロジスティクス)，宣伝の構造(アーキテクチャ)　*40*
3　コンビニとキャラクター（グッズ）：食玩とホビートイ　*43*
4　コンビニがメディアを生み出す：製作委員会，雑誌『ヒーローズ』　*45*
5　ヴァーチャルとリアルにおけるコンビニ：『スナックワールド』　*50*
6　デリヴァリング・メディア：物流するメディア　*52*

第4章 現代コスプレの分析 ―― 57
キャラクターに近づく写真画像上の身体　　　（貝沼明華）

1. はじめに　58
2. コスプレとデータベース消費　58
3. コスプレの現状調査　61
4. 現在までのコスプレ研究との違い　64
5. 若者を取り巻く写真文化　65
6. キャラクター解釈による表現を目的とした加工　67
7. SNS 上の他者評価　69
8. まとめ　71

第II部　人・モノ・場所のメディア史

第5章　「ポストメディア」の考古学 ―― 77
ミニ FM をめぐる思想と実践を手がかりに　　　（飯田　豊）

1. はじめに：ミニ FM のかすかな再生(リバイバル)　78
2. ミニ FM とは何だったのか　79
3. 「ポストメディア」の地層　81
4. おわりに　88

第6章　求人メディア利用の変化から「人=メディア」を考える ―― 93
新規大卒就職を例に　　　（妹尾麻美）

1. 就職活動と情報源　94
2. 就職活動の歴史と求人メディアの変化　94
3. 就職‐採用における「人=メディア」の役割　99
4. 求人メディアのゆくえ　104

第7章　着こなしの手本を示す ―― 107
読者モデルからインフルエンサーへ　　　（藤嶋陽子）

1. はじめに：ファッションメディアの変容　108
2. 本章のねらい　110
3. 「読者モデル」という身近なファッションアイコン　113
4. おわりに：夢から醒めたファッションの消費，その象徴としてのインフルエンサー　118

目　次　vii

第Ⅲ部　人・モノ・場所の表象

第8章　越境・多層化する「アイドル」————————— 123
人・物・場所の「アイドル」メディア論　　　（田島悠来）

1　「アイドル」の〈メディア性〉　*124*
2　「アイドル」＝人の射程　*128*
3　「アイドル」に関わる物，場所の射程　*133*
4　おわりに　*135*

第9章　ほつれ，つむがれるなかで「人はメディアになる」
————— 137
身体文化実践としてのよさこい踊りから　　　（ケイン樹里安）

1　ほつれゆくなかで，人はメディアになる　*138*
2　非日常が日常と結び合わさるなかで，人はメディアになる　*140*
3　メディアと人々の身体　*142*
4　〈身をもって〉媒介すること　*144*
5　結論に代えて　*149*

第10章　ラブドールはガラテアの夢を見るか————————— 151
メディアとしての，メディアのなかのラブドール（関根麻里恵）

1　はじめに　*152*
2　ラブドールとは　*153*
3　メディアとしてのラブドール　*156*
4　メディアのなかのラブドール　*161*
5　おわりに：ラブドールはガラテアの夢を見るか　*164*

第Ⅳ部　人・モノ・場所のコミュニケーション

第11章　社会運動におけるメディア，社会運動というメディア
————— 169　（富永京子）

1　社会運動におけるメディア：携帯電話の場合　*170*
2　メディアとしての社会運動　*173*
3　二つのメディアから立ち現れる「日常」と「出来事」　*176*

第 12 章　人＝メディアとしてのバンドマン ―――― 181
　　　　共有される夢の実現／断念物語　　　　　　（野村　駿）

1　はじめに　*182*
2　夢を追うバンドマンの夢の実現／断念物語　*183*
3　共有される二つの物語の内実　*185*
4　メディアの多元性・物語の複数性　*189*
5　おわりに　*192*

第 13 章　〈廃墟〉を触発するメディア ―――――――― 195
　　　　〈廃墟〉が生成するネットワーク　　　　　　（木村至聖）

1　廃墟の「額縁(フレーム)」としてのメディア　*196*
2　インターネット・SNS 時代の廃墟趣味　*197*
3　メディアとしての廃墟と廃墟マニア　*202*

第 14 章　多様な「空間」をめぐる多彩な「移動」――― 209
　　　　ポスト情報観光論への旅　　　　　　　　　　（岡本　健）

1　メディア環境の変化を複層的に捉える　*210*
2　観光におけるメディア　*210*
3　観光概念のアップデート：現実空間，情報空間，虚構空間　*214*
4　現実を「脱出」する観光　*216*
5　スマートフォンと観光　*218*
6　観光とアーカイブ　*222*
7　ポスト情報メディア時代の観光研究　*226*

事項索引　*229*
人名索引　*231*

第1章

ポスト情報メディア論へ
人・モノ・場所のネットワーク

松井広志・岡本 健

写真は、都市部のカフェで『Pokémon GO』のプレイ中に、スマートフォンのスクリーンショット機能を用いて静止画を撮影し、それを Instagram にアップしたものである。写っているのは、ポケモンの一種である「ゼニガメ」で、その下に見えているのは、『ハーフリアル』(ユール, 2016) だ。同書の帯にはこうある。「ビデオゲームは、半分現実、半分虚構」。現在、私たちが生きている社会は、情報メディアが遍在し、情報・虚構の世界が拡大している。しかし／だからこそ、現実世界の身体性・物質性・場所性にも注目が集まっている。こうした状況を分析するためにはどのような視座が必要だろうか。

「ゼニガメ」と『ハーフリアル』(筆者撮影)

1 はじめに

　世の中は数多くの「情報」にあふれており，その価値も高まってきている。大きく情報社会の進展と呼ばれる現象だ。その一方で，モノや場所といった対象にも再び注目が集まり始めている。

　たとえば，人と人とのコミュニケーションについては，スマートフォンなどのモバイル機器とソーシャルネットワーキングサービス（SNS）の存在感が大きくなっている。ソーシャルメディアと呼ばれるこの存在は，人と人を「つなぐ」機能をその主な特徴とする一方で，人間関係や人間の心理に暗い影を落とすことのある存在でもある。このようなメディアを通した関係においては，「匿名性」と「親密性」がともに高まる，「インティメイト・ストレンジャー」（富田, 2009）も珍しいことではなくなってきた。

　モノについても，スマートフォンのゲームアプリでの課金行動や仮想通貨にみられるような，情報そのものを所有したり交換したりするようなあり方が全面化する一方で，データから実物を作り出す3Dプリンターが実用化されている。写真を撮影してInstagramに投稿するためだけに食べ物を購入する人々が話題になったが，これは，モノそのものよりも，インスタ映えする外見（モノのデータ）の方が優先された結果だ。また，そのようにしてSNSやアプリ，各種アーキテクチャを通じて人々がアップロードしたデータは「ビッグデータ」と呼ばれ，さまざまなアクターによって解析される。こうして得られたデータが，商品開発や広告宣伝に活かされて循環していくわけだが，その解析者は人間に限らない。深層学習を行った高度なAI（Artificial Intelligence：人工知能）が，もはや人間にはその基準や論理がわからないような仕方で分析し，その結果が活用されている。もし，その人工知能が物理的な身体を得たらどうなるだろうか。そのようなSFの世界の出来事と思われていた事態も現

実的なものになってきている。

次に，場所についてはどうだろう。日本では，少子高齢化が進み，都市では人口集中，地方では過疎化という対照的な状態が問題となっている。国策として，観光立国や地方創生を旗印に，外国人を含めた観光客をいかに集客し，経済効果をあげるかが盛んに議論され，実践されている。その一方，VR（Virtual Reality：人工現実感）が普及し始め，虚構的な場所をよりいっそうリアルに感じられるようになり，本当にその場所にいるかのような経験が可能になってきた。ネットワークに接続されたその「場所」では，人と人，人とモノのコミュニケーションがなされる。人と人が現実の場所で直接出会うことが重視されるケースも目立っている。たとえば，コスプレイベントやリアル脱出ゲーム，音楽ライブやフェス，2.5次元舞台などが人気を博している。

これらの，一見すると「両極端な現象」や「混沌とした状況」，そして，「人・モノ・場所のハイブリッドな関係性」を，どのように分析していけばよいのだろうか。それらを読み解く視点を整理しておく必要があるのではないか。本書の目的はここにある。

2 情報とメディアをめぐる理論

❖マス・コミュニケーション論

そこでまず，メディア論（media studies）の展開を整理することで，本書のタイトルである「ポスト情報メディア論」へと至る道筋を示していこう。

はじめに「情報」という概念について考えてみたい。自然科学には情報をビット（bit）という量に還元する考え方がある。他方で，社会（科）学には吉田民人のように「物質」と対になるものを「情報」とする原理的な視座も存在する（吉田, 1990）。このように，情

報についての理解は分野によってさまざまだが、メディア論は、情報という概念自体の内実を探求するより、そうした情報が「どのように伝達／構築されているか」といった問いをめぐって展開されてきた。これは、メディアが「情報を媒介するもの」だという理解に基づいている。

　学説史的には、メディア論は、先行するマス・コミュニケーション論や文化社会学などの領域での理論的蓄積を前提に、マクルーハン理論、カルチュラル・スタディーズ（Cultural Studies：CS）など、より近年の研究動向が合わさるかたちで1990年代に形成された。本節ではまず、マス・コミュニケーション論における情報やメディアについての考え方を確認しておきたい。

　たとえば、テレビが急速に普及した[1]あとの1960年代後半、M. ジャノヴィッツは、社会科学の辞典[2]において「マス・コミュニケーションには、特定の専門家集団が採用する技術装置（印刷、電波、フィルム）、すなわちさまざまな制度や技法が含まれる。それによって、多数の、異質な、広範に散在するオーディエンスに対して象徴内容が伝達される」という定義を与えている。この定義に対しては、社会学者のD. マクウェール（2010）がその送り手中心的な視点を批判しているが、本章において、より重要な問題は、「送り手」と「受け手」がもともと別個の存在として区切られているという点である。

　ジャノヴィッツより少し早い1950年代半ばには、社会学者の日高六郎が、マス・コミュニケーションの語義を「ある一定の精神内容を担っている記号を、機械的な媒体を通じて、大量に、無限定の大衆に伝達する過程」と説明している（日高, 1955：9）。日高のこの

---

1) テレビの普及は、アメリカ合衆国やイギリスにおいては概ね1950年代に、日本では1960年代に進んだ。
2) *International Encyclopedia of the Social Science*（1968, Macmillan）

論考は，日本ではまだテレビの普及が十分に進んでいなかった時期に「新聞，雑誌，書籍，ラジオ，映画」だけでなく「テレビ等」も「現在最も有力な」メディアの一つとして挙げた点で先駆的なものであった。さらに，同書の編者であった清水幾太郎は，「マス・コミュニケーション研究の道具である諸観念が深くアメリカ社会の特質によって規定されている」ゆえに，それが「一般的な観念として現れる時，日本の社会に特有な問題は，往々にして，観念の網の目から漏れてしまう」ことへの危惧を表明している（清水, 1955）。これもまた，現在の目からみても重要な指摘だ。とはいえ全体としては，これらの記述における図式も，前述のジャノヴィッツの定義と同様，送り手中心であり，送り手／受け手の厳然とした区別が存在している。

また日高は，コミュニケーション形式の「二つの極」としてパーソナル・コミュニケーションとマス・コミュニケーションを位置づけたうえで，これらに収まらない「中間的あるいは特殊関心によるコミュニケーション」も多少はあると述べていた（日高, 1955：9-11）。だが，その後ICT技術の社会的普及が進む1990年代以降になると，この剰余としての第三の領域が拡大し続けていくことになる。その象徴が，2010年代急速に一般化したSNSなどのソーシャルメディアでのコミュニケーションだ。そこでは，かつてのマスメディアのように大規模でありながらも，パーソナルメディアのような双方向的なコミュニケーションが行われている。

❖マクルーハン理論とカルチュラル・スタディーズ

次に，マクルーハン理論とCSの視点について確認していきたい。マス・コミュニケーション論が盛んであった1960年代，英文学者だったM. マクルーハンは，「メディアはメッセージ」という言い方で，メディアによる「媒介性」（の違い）そのものを問題にした（マ

クルーハン, 1987)。マクルーハンの理論は，技術決定論とみなされた当時よりも，コンピュータの普及が進み「ニューメディア」や「サイバースペース」といった言葉が出てくる1980年代になって，(再び)評価されることになる。また，同じ時期には，哲学者のF.ガタリを理論的な中心としたアウトノミア運動と結びつく「ポストメディア」論が提起されてもいた（第5章で詳述）。

マクルーハン理論のなかで本書の主題からみて重要だと思われるのが，すべての人工物（artifact）をある種の「メディア」と捉える視点である。マクルーハンは，従来のマス・コミュニケーション論と異なって，メディアを単なる他者とのコミュニケーション手段ではなく，人間の「身体の拡張」とみなした。つまり，マクルーハンの視座からは，人間を取り巻く物理的な「モノ」や空間的な「場所」はすべて，私たちと（他者だけでなく）「世界」とをつなぐメディアとみなすことができる。「人」だけでなく「モノ」や「場所」をも「メディア」と捉えるのが本書の立場だが，その基盤となる考え方の一つには，こうしたマクルーハンのメディア観がある。

1980年代には，CSがメディア論に決定的な影響を与えた。英国におけるCSの主導者の一人であったS.ホールはencoding/decodingモデルを提示したが，その特徴は，送り手による意味づけ（encoding）だけでなく，受け手による読み解き（decoding）にも積極的な意義を見出したところにある。CSのメディア受容研究は，従来のマス・コミュニケーション論における送り手中心の見方を批判し，オーディエンスによる能動的な読み替えを，社会の支配的な価値観への「抵抗」として重視した。マクルーハン理論に加えてCSがマス・コミュニケーション論へ流入したことによって，メディア論という分野が形成されていったのである。

CSの影響を受けたメディア論の一つに，1990年代におけるシルバーストンらの議論がある（Silverstone & Hirsch, 1992）。そこでは，

テレビの「家庭化（domestication）」をめぐって，家庭の外部からやってくるテクノロジーをあるがままに（受動的に）受け入れるのではなく，交渉的に（能動的に）「飼いならす（domesticate）」ような人々の実践が描き出された。

　CS が提示した送り手と受け手，あるいは新たなテクノロジーと消費者の「せめぎ合い」に注目する観点は，今なお重要であり続けている。また，CS が提起した問題を現在の「アフター・テレビジョン」時代に受け継ぐ試みも盛んに行われている（伊藤・毛利, 2014）。

　一方で，こうしたアプローチの限界も指摘されている。社会学者の土橋臣吾は，1990 年代以降に普及したインターネットや携帯電話のユーザーを考えると，テクノロジーやメディア「に対する」人間の能動性という枠組みでは，現実をうまく捉えられないという（土橋, 2010）。デジタルメディア時代にはむしろ，メディアと「協働する」人間の姿を描き出す視座が要請される。そこで，有効な視座として挙げられているのが，B. ラトゥールによるアクターネットワーク理論（Actor Network Theory：ANT）だ。

　上記の動向を踏まえつつ，次節からは「モノのメディア論」という理論的視座を示していく。さらに，同じくメディア論の「その先」を探る方向性として「場所／空間のメディア論」と「メディアミックス論」の視点を確認する。これらはすべて，2000 年代から 2010 年代にかけて盛んになってきた研究動向である。次節では，インターネット・ソーシャルメディア時代のポスト情報メディア論を求める本書の観点から，それらの特徴について紹介・整理していきたい。

３　ポスト情報メディア論の可能性

❖モノのメディア論

　ポスト情報メディア論の第一の方向性として，物質的な「モノ」

を「メディア」と捉える枠組みを提示していきたい。前節で挙げたように,マクルーハン理論にも,モノ＝メディアとする視点は存在していた。しかし,携帯電話やインターネットなどのデジタルメディアを念頭においた場合,従来のように「人間」と「メディア」を対置させる枠組みでは,現実を的確に捉えることはできない。それに代わって提示されるのがANTを応用したメディア論だ。

ここで,まずANTの社会観を確認しておくと,社会を構成する単位である「アクター」は,近代の諸理論が前提としていた「人間」だけではなく,機械や道具などの「非-人間」すなわち「モノ」も含んでいるというものだ。こうしたアクターの性質が常に他のアクターとの関係に規定され,それらの「ネットワーク」が社会を構成するという（ラトゥール,2007）。

近年のメディア論では,デジタルメディアとユーザーの関係（土橋,2010）以外にも,たとえばゆるキャラに関する「人とモノのハイブリッド」という視点からの分析（遠藤,2016）など,ANTを応用したさまざまな文化研究の成果が出てきている。こうした議論を,「モノのメディア論」という視点から定式化すると,「同格のアクターであるモノと人が,互いに他のアクターの媒介となり,総体として人とモノのネットワークを形成している」となるだろう。

ただ,こうしたANT的な考え方は,ともすると関係のみに還元する議論になる恐れがある。そうした点を補う理論として援用できるのが,G.ハーマンによるオブジェクト指向存在論（Object-Oriented Ontology：OOO）である。OOOに独特な考え方は,対象（オブジェクト）の「実在的（real）」／「感覚的（sensual）」という区別だ（ハーマン,2017：第2・3章）。ハーマンによると,あらゆる対象は他にアクセスされる感覚的な領域と,そうした関係から退隠している実在的な領域をもつ。こうした考え方をメディア論に導入すると,同様の二重性が「モノとメディア」の関係でも成立する。つまり,モノ＝メ

ディアについて，モノの「つながらない」内奥の部分と，メディアとして「つながる」ことのできる表面的な層の二重性をそのまま把握できるのである。ここからは，「あるモノは他とつながる「メディア」として機能しつつも，同時にそうした媒介性には還元されない「つながらない」物質性を内奥でもち続けている」という考え方が得られる。こうした捉え方は，「実在的なモノと感覚的なメディア」論ということができる（松井，2017：第7章）。

　このような理論的枠組みは，ともすると抽象的で現実の分析から遠いと思われるかもしれない。そこで，インターネット・ソーシャルメディア時代の先に，近い将来出現するであろう「AIで思考するロボット」を例に考えてみたい。高度なAIをもつロボットは，もちろん人間とコミュニケーションするうえでの自律的な思考をもつため，一見すると「感覚的なメディア」としてアクセス可能であり，他の人やモノとの媒介性をもつといえる。しかし同時に，その内奥では深層学習によって，当初プログラムした範囲を超えて進化（深化）した計算・思考が行われているに違いない。これは，人間のアクセスしえない，退隠した「実在的なモノ」の領域である。これは思考実験的な例だが，さらに身近な例としてスマートフォンにあてはめてみると，インターネットにアクセスできる「感覚的なメディア」の部分と，通常は他の人やモノと関係しない内奥のメカニズムである「実在的なモノ」の領域，という二重構造があることに気づくだろう。

　物質的なモノをある種のメディアと考える「モノのメディア論」には，少なくとも上記の二つの方向性があることがわかった。もちろんANTやOOO自体は，近代的知に対する（ラディカルな）批判が主眼であり，その意味でメディア論には収まりきらない論点をもつ。とはいえ，インターネット・デジタル時代のメディア環境もまた，社会に（当然ながら）呼応しており，同じく「近代」が自明で

はなくなっている状況にある。そのように考えると，ANTやOOOを応用したモノのメディア論は，現代社会の両極端な現象やハイブリッドな状況を分析可能にする枠組みとして機能する。

❖ 場所／空間のメディア論

ポスト情報メディア論に関する第二の視点として，場所や空間のメディアとの関わりがある。近年，モバイルメディアの普及やグローバル化を背景に，これまでの静態的な社会像を再考し，現代社会の分析に有効な動態的な枠組みを構築することが求められている。

J. メイロウィッツは，著書『場所感の喪失（上）』のなかで，電話やラジオ，テレビやコンピュータなどの電子メディアによって，物理的場所と社会的「場所」が分離されたことを指摘した（メイロウィッツ，2003）。また，吉見俊哉は『メディア時代の文化社会学』のなかで，メイロウィッツの議論を批判的に取り上げたうえで，「電子メディアは，たんに個人の内面を彼の身体が置かれている時間・空間から遊離させるというよりも，社会的相互作用そのものを非場所的な次元へと移行させ，そのことによって社会的な時間と空間のあり方を根底から変容させていく」と述べた（吉見，1994）。社会学者で観光学者のJ. アーリは，ANT理論を参照しながら，空間と時間を単なる「入れ物」としてではなく産出力を有したものとして，「グローバル」なプロセスを「つねに社会的かつ物理的なもの」として把握すべきだという（アーリ，2014：68-69）。こうした考えは，アーリがこれまで行ってきた「場所」の再定式化とつながっているだろう。社会学・地理学におけるこうした動向は「空間論的転回」と呼ばれている。

さらに近年では，多種多様なインフラの集積としての都市を「ネットワークシティ」と捉え直した分析（田中，2017）や，「物流」に関するさまざまな学的領域からの検討（『現代思想』2018年3月号「物

第1章 ポスト情報メディア論へ

流スタディーズ」）など，情報という論点に収まらない場所や空間の性質に注目した研究が盛んになってきている。

　これらの研究はもちろん，インターネットに常時接続するPCやスマートフォンが普及したインターネット・ソーシャルメディア時代と大きな関わりがある。たとえば，SNSで誰かが言及していた商品を，Amazonなどのネット通販サイトで購入する場合を考えてみよう。そこでの注文は極めて簡単で，SNSで最初に商品を知ったときから，より詳しい情報の入手やレビューの検討，実際の購入までをすべてPC上で，あるいはスマートフォンによって手のひらの上で完結できる。だが，こうしたデジタル「情報」のやりとりとは別に（デジタルデータ自体が商品となっているダウンロード販売は除くとして）多くの商品は物質的なモノのかたちをとっており，物理的な都市のインフラや乗り物を経由して，配達員を含めた人の手によって届けられる。そして，こうした情報と場所のある種の「隔たり」が，物流クライシスと呼ばれ，配送の現場での困難をもたらしているのである。このような状況を考えてみても，情報だけでないモノや，さらには物理空間としての場所が「つながるもの」であると同時に「隔てるもの」でもある「メディア」として立ちはだかっているのがわかる。

　ただ，ここでいう「場所」は，先にアーリに即して確認した通り，それ自体が時間や空間の集合であり，情報とモノの複合体でもある。こうした問題と呼応しつつ，本書の編者である岡本健は，観光やメディアコンテンツの消費が一体化した文化状況に即した「空間」の分類を試みている。そこで提示されたのは，「現実空間」の物理的移動だけでなく，インターネットで接続できる「情報空間」と映画・マンガ・アニメ・ゲームなどの物語世界である「虚構空間」の精神的移動を含めて分析していく枠組みだった（岡本, 2018：44-45）。アンソニー・エリオットとジョン・アーリも，『モバイル・ライブ

ズ』のなかで，以下の5種類の「モビリティーズ」を提示している。

> ① 仕事，余暇，家族生活，快楽，移民，避難のための人々の身体的な旅。それらは対照的な時間－空間の諸様相（日常の通勤から人生で一度きりの亡命まで）のもとで形成される。
> ② プレゼントや土産を贈ったり受け取ったりするだけではなく，生産者，消費者，小売業者への「モノ」の物理的な移動
> ③ さまざまな活字メディアや映像メディアのもとで現れ移動する，場所や人間のイメージを通じて生じる「想像的な」旅。
> ④ ヴァーチャルな旅。それはそれで，しばしばリアルな時間で，それゆえ越境するべき地理的かつ社会的な距離の元で行われる。
> ⑤ 伝書，書物，手紙，電報，ファックス，携帯電話などによって交わされるメッセージを通じた，コミュニケーションの旅。
> （エリオット・アーリ，2016：21，番号は筆者が付したもの）

身体的な移動のみならず，物の移動や，想像的な虚構空間や情報空間への旅，そして，情報空間を通じたコミュニケーションの旅が含まれていることがわかる。こうした視点は，現実空間／情報空間／虚構空間を行き来するコンテンツツーリズムなどの観光行動を分析する際にはもちろん，今日の多様なメディア文化を考えるうえでも重要である。なぜなら，こうした空間自体がある種の「メディア」となって，人々や，モノたちがつながって（あるいは，つながらずに），さまざまな文化や社会を形作っているからだ。

❖メディアミックス論

最後に，ポスト情報メディア論に関する第三の観点として，メディアミックス論を挙げたい。本書第3章の執筆者でもあるM. スタ

インバーグによれば、日本で広くみられる「メディアミックス」は、北米で発達した「メディアコンバージェンス」や「トランスメディア・ストーリーテリング」と区別される。convergence は「収束」を意味する語で、メディアが相互的に、より強固につながっていく事態をさす。また、トランスメディア・ストーリーテリングは、メディアプラットフォームを横断しようとする流れを後押しする物語のあり方である（スタインバーグ, 2015：17-19）。

これらに対して、メディアミックスとは、「ある特定のキャラクターや物語や世界観を中心とするメディア上のモノや要素のシステム」で「メディアの周辺に構築された社会的関係のネットワークであり、それゆえキャラクターの周辺に発生するある種の社会性の土台となる」という定義がなされている（スタインバーグ, 2015：35）。また、メディアミックスの特徴は、メディア間の階層化があまりみられないことである。実際、日本では、アニメやマンガ、映画といった情報メディアだけではなく、食玩やフィギュア、コンビニでのキャンペーンにも同じような重要性が与えられている。

メディアミックスは、1960 年代のテレビアニメ『鉄腕アトム』を皮切りに、1980 年代の角川書店のビジネスを通じて確立していった。メディアミックスは、日本のアニメやマンガの周辺で発生したが、その後はさまざまなメディア領域に導入されていった。また、現在では、日本以外の多くの国や地域でも行われている。とはいえ、本書第 3 章で論じられているように、キャラクターの遍在やメディアミックス体験の頻度の高さといった点では、特に日本の都市部が際立っていることは間違いないだろう。

これに関して、先述した清水（1955）によるマス・コミュニケーション論において、すでに（アメリカとは違った）日本的なメディア・コミュニケーションのあり方を分析するための枠組みが求められてはいた[3]。しかし、実際には、そうした希求は長く実現してこ

なかったように思える。こう考えると，メディアミックス論は，従来より求められていた日本的なメディア状況の分析を可能にする枠組みであるだろう。

4 各章について

以上，本章では，マス・コミュニケーション論から，マクルーハンやCSの影響を受けたメディア論へ，さらに，モノのメディア論や場所／空間論，メディアミックス論という三つの視点を手がかりとして「ポスト情報メディア論」のありかを考えてきた。こうした考察から得られたのは，「情報」をメディアが伝達し，文化や社会を構築しているという従来の視点に加えて，現在では，「人」や「モノ」「場所」自体をある種の「メディア」と捉える発想に至っているということである。

本書はこうした問題意識をゆるやかに共有しつつ，各執筆者が，それぞれの専門領域から考察を深めた13本の論文を収めている。各章の概略については各部の扉裏に示しているため，そちらを参照されたい。

それぞれの章は独立して読めるものになっているが，それと同時に，意外に思われる章の内容間に密接な関係を読み取ることもできる。本書が，ポスト情報メディア的な現代の人間や社会，文化などについて考える際に役立つことができれば幸いである。

---

3) これに関係する現象として，前節で挙げたマクルーハンの理論が，日本的文脈のなかで（マスメディア産業や広告代理店に主導されるかたちで）独自のマーケティング論として受容されていった現象がある（Steinberg, 2017）。スタインバーグがいうように，「日本におけるメディア理論」の受容と形成過程自体が重要な研究テーマといえるだろう。

> ●ディスカッションのために
> 1 「モノのメディア論」「場所・空間のメディア論」「メディアミックス論」とはどのような考え方か。それぞれを本章の言葉を用いて説明してみよう。
> 2 1で説明した各理論についてどの点に納得できそうか,あるいは納得できなさそうか,考えてみよう。
> 3 2の問いで考えたことを周囲の人と共有してみよう。また,本章の目次と部の扉裏の各章の説明文に目を通して,どの章が面白そうか,周囲の人と話してみよう。

●引用・参考文献

アーリ, J. ／吉原直樹［監訳］／伊藤嘉高・板倉有紀［訳］（2014）.『グローバルな複雑性』法政大学出版局（Urry, J. (2003). *Global complexity*. Cambridge, UK: Polity.）

伊藤　守・毛利嘉孝［編］（2014）.『アフター・テレビジョン・スタディーズ』せりか書房

エリオット, A.・アーリ, J. ／遠藤英樹［監訳］（2016）.『モバイル・ライブズ――「移動」が社会を変える』ミネルヴァ書房（Elliott, A., & Urry, J. (2010). *Mobile lives*. London: Routledge.）

遠藤英樹（2016）.「ヒトとモノのハイブリッドなネットワーク――「ゆるキャラ」を事例に」松本健太郎［編］『理論で読むメディア文化――「今」を理解するためのリテラシー』新曜社, pp.227-243.

岡本　健（2018）.「ポケモンGOの観光コミュニケーション論――コンテンツ・ツーリズムの視点からの観光観の刷新」神田孝治・遠藤英樹・松本健太郎［編］『ポケモンGOからの問い――拡張される世界のリアリティ』新曜社, pp.42-54.

清水幾太郎（1955）.「編者のことば」清水幾太郎［編］『マス・コミュニケーションの原理』河出書房, pp.1-2.

スタインバーグ, M. ／大塚英志［監修］／中川　譲［訳］（2015）.『なぜ日本は「メディアミックスする国」なのか』KADOKAWA

田中大介［編］（2017）.『ネットワークシティ――現代インフラの社会学』北樹出版

土橋臣吾（2010）.「デジタルメディアのユーザーとは誰／何のことか」『社会志林』56(4), 193-205.

土橋臣吾・南田勝也・辻　泉［編］（2011）.『デジタルメディアの社会学――

問題を発見し，可能性を探る』北樹出版

富田英典（2009）.『インティメイト・ストレンジャー――「匿名性」と「親密性」をめぐる文化社会学的研究』関西大学出版部

ハーマン, G./岡嶋隆佑［監訳］／山下智弘・鈴木優花・石井雅巳［訳］(2017).『四方対象――オブジェクト指向存在論入門』人文書院（Harman, G. (2001). *The quadruple object*. Winchester, UK: Zero Books.）

日高六郎（1955）.「マス・コミュニケーションの過程」清水幾太郎［編］『マス・コミュニケーションの原理』河出書房，pp.7-67.

マクウェール, D./大石　裕［監訳］(2010).『マス・コミュニケーション研究』慶應義塾大学出版会（McQuail, D. (1983). *Mass communication theory: An introduction*. London: Sage.）

マクルーハン, M./栗原　裕・河本仲聖［訳］(1987).『メディア論――人間の拡張の原理』みすず書房（McLuhan, M. (1964). *Understanding media: The extensions of man*. New York: McGraw-Hill.）

松井広志（2017）.『模型のメディア論――時空間を媒介する「モノ」』青弓社

メイロウィッツ, J./安川　一・高山啓子・上谷香陽［訳］(2003).『場所感の喪失（上）――電子メディアが社会的行動に及ぼす影響』新曜社（Meyrowitz, J. (1985). *No sense of place: The impact of electronic media on social behavior*. New York: Oxford University Press.）

ユール, J./松永伸司［訳］(2016).『ハーフリアル――虚実のあいだのビデオゲーム』ニューゲームズオーダー（Juul, J. (2005). *Half-real: Video games between real rules and fictional worlds*. Cambridge, MA: MIT Press.）

吉田民人（1990）.『自己組織性の情報科学――エヴォルーショニストのウィーナー的自然観』新曜社

吉見俊哉（1994）.『メディア時代の文化社会学』新曜社

ラトゥール, B./川崎　勝・平川秀幸［訳］(2007).『科学論の実在――パンドラの希望』産業図書（Latour, B. (1999). *Pandora's hope: Essays on the reality of science studies*. Cambridge, MA: Harvard University Press.）

Latour, B. (2007). *Reassembling the social: An introduction to actor-network-theory*. Oxford, UK: Oxford University Press.

Silverstone, R., & Hirsch, E. (eds.) (1992). *Consuming technologies: Media and information in domestic spaces*. London: Routledge.

Steinberg, M. (2017). McLuhan as prescription drug: Actionable theory and advertising industries, In M. Steinberg, & A. Zahlten (eds.). *Media theory in Japan*. Durham, UK: Duke University Press, pp.131-150.

第 I 部 人・モノ・場所の
メディアミックス

第 2 章 〈複合的メディア〉としてのゲーム
TRPG をめぐる人・モノ・場所から考える

第 3 章 物流するメディア
メディアミックス・ハブとしてのコンビニエンスストア

第 4 章 現代コスプレの分析
キャラクターに近づく写真画像上の身体

第 I 部「人・モノ・場所のメディアミックス」の三つの章では，メディアミックス論が大きく関わりながら，モノや場所をメディアと捉える視点が縦横に展開されている。

　第 2 章「〈複合的メディア〉としてのゲーム」（松井広志）は，TRPG を事例として，ゲームを論じる可能性について検討した論者である。そこでは，ゲームを単一のメディア（medium）としてではなく，人・モノ・場所が不可分に合わさった〈複合的メディア〉（mixed media）と捉える見方が提起される。こうした複合的メディアが，さらに他の（複合的）メディアとネットワーク化し，メディアミックスすることで，今日の複雑なメディア環境を形成している。

　第 3 章「物流するメディア」（マーク・スタインバーグ）は，著者がかつて『なぜ日本は「メディアミックスする国」なのか』で述べた「メディアミックス作品の「入り口」はどこでもある」（スタインバーグ, 2015：31）という指摘が，コンビニエンスストアを対象に深めた論考である。ここでは，コンビニという日本に遍在する場所が，メディアミックス論の視点から改めて捉え返されている。コンビニでは，物流の仕組み（商品＝モノを届ける）に加えて，情報メディア（広告・宣伝＝情報を届ける）という意味で「物流するメディア（delivering media）」なのだ。

　第 4 章「現代コスプレの分析」（貝沼明華）では，キャラクターを装い，写真を撮影し，SNS を通して広がる現代のコスプレについて論じられる。メディアミックスは消費者を生産者にしてしまう性質をもつが，キャラクターを消費するコスプレもその一つの形と考えられる。筆者は，そうしたコスプレの独自性が，身体を用いた活動でありながら写真をキャラクターらしく加工するといった「2 次元／3 次元の越境」にあると論じている。

第2章

〈複合的メディア〉としてのゲーム

TRPGをめぐる人・モノ・場所から考える

松井広志

いまや,家庭用ゲームキやゲームセンター,PC,スマートフォンなどで,デジタルゲームをプレイすることは当たり前のメディア経験となっている。だが同時に,ボードゲームやカードゲーム,会話型ロールプレイングゲーム(TRPG),脱出ゲームなど,アナログ

人・モノ・場所の複合として成立する TRPGのプレイ(筆者撮影)

ゲームも依然として盛んである。これは「デジタルからアナログへの回帰」では説明できない。むしろ,「デジタル/アナログ」という二項対立的な図式を見直す必要がある。そこで本章では,TRPGを事例として,「人」「モノ」「場所」の三つの視座からゲームというメディアについて考察していく。その考察から浮かび上がってくるのは,人・モノ・場所が複合的に組み合わさって成立している姿である。こうした〈複合的メディア〉としてのTRPGのあり方は,多くの他のゲームを比較分析するための新たな視座を提起する。さらに,それはゲームに留まらず,メディア一般を論じることにも敷衍できるだろう。

「ゲーム」の現在的状況

　現在，デジタルゲーム（ビデオゲーム）をプレイすることは多くの人にとって身近なメディア経験となっている。日本社会では，1983年のファミリーコンピュータ（ファミコン）発売の後，テレビ受像機を使った家庭用ゲーム機（コンシューマー機）が一般化した。また，1989年のゲームボーイ発売以降，1990年代には携帯用ゲーム機によってテレビの前でプレイする必要のないデジタルゲームが広がった。さらに，2000年代以降は日本型の携帯電話（ガラケー），2010年代に入ってからはスマートフォンのアプリでゲームをプレイするのが当たり前のこととなった。現在では，娯楽や産業，学術といったさまざまな社会的場面でデジタルゲームの重要性が増している。実際，日常語で「ゲーム」とだけ言った場合，デジタルゲームのことを指す場合が多いだろう。

　しかし，同時に忘れてはいけないのが，アナログゲームの存在である。「ゲーム」について広く考えてみると，歴史上に先に登場したのは非デジタルなゲームだ。しかもアナログゲームはデジタルゲームの隆盛で消え去ってしまったのではなく，現在まで存在し続けている。

　それどころか，たとえばアナログゲームをテーマにしたマンガ『放課後さいころ倶楽部』（中道裕大，小学館，2013～連載中）のヒットや，「ボードゲームカフェ」という形式の飲食店の広がり，専門誌『ウォーロック』の後継誌『ウォーロックマガジン』の創刊など，アナログゲームの存在感が強まってきているともいえる状況にある。

　これは一見すると「デジタルゲームが隆盛する一方での，アナログゲームの復権」という事態に思えるかもしれない。だが，はたしてデジタルの隆盛とアナログゲームの復権は，そもそも相反する現象なのだろうか。それとも，現在の状況は，デジタル／アナログと

いう枠組みでゲームを捉えること自体の失効を意味しているのだろうか。

こうした問題意識のもと，本章では，アナログ／デジタルゲームという二項対立を再考すべく，本書全体のテーマである「人」「モノ」「場所」という三つの視座から，ゲームというメディアについて考察していく。具体的な構成は以下の通りである。まず，アナログゲームとデジタルゲームの性質について論じた先行研究の図式を確認する（第2節）。次に，そうした図式に収まらない部分をもつゲームのうち，（会話型の）ロールプレイングゲームを取り上げ，人，モノ，場所という視点からそれらを検討する（第3-5節）。最後に，これらの結果から，人・モノ・場所による「ポスト情報」的なゲーム論の可能性を示していく（第6節）。

2 デジタルゲームとアナログゲーム

まず，議論の手がかりとして，ゲームスタディーズの代表的著作であるユールの『ハーフリアル』を参照して，デジタルゲームとアナログゲームの性質と考えられている内容を確認したい。『ハーフリアル』の主旨は，ゲームが「現実のルール（real rules）」と「虚構世界（fictional world）」の二層構造からなる，というものである（ユール，2016）。本章でいうアナログゲームは，ユールのいう「伝統的な非電子ゲーム」にあたるが，そのほとんどは抽象的な「現実のルール」のみで成り立つ。それに対しビデオゲームは，ルールに加えて，さまざまな具象的な世界観やストーリーといった「虚構世界」をもつ（ユール，2016：9-10）。

またユールは，ルールのあり方によってゲームを，「創発型ゲーム」と「進行型ゲーム」に区別している（ユール，2016：15）。創発型ゲームは，ルールは少ないが繰り返しプレイするタイプで，アナ

ログゲームの多くはこの創発型ゲームに属する。一方，進行型ゲームは，ビデオゲームで確立した一度きりのクリア型で，映画のようにゲームデザイナーが出来事の順序をコントロールできる特性をもつ（ユール, 2016：102）。

併せて，AI 開発者である三宅陽一郎（2010）がデジタルゲームに関する教科書のなかで示した見方も確認しておきたい。三宅は，ボードゲームとデジタルゲームの差異の一つに，「明示性」を挙げている。すなわち，ボードゲームの場合，プレイヤーは同時にルールの実行者でもあり，あらゆるルールはプレイヤーに対して明示的に示されている。それに対してデジタルゲームでは，プレイヤーとルールの実行者は異なる。ルールの実行者はコンピュータのなかのプログラムであって，プログラムのなかには，ユーザーに開示されないさまざまなルールが含まれている（三宅, 2010：325-326）。

以上のアナログ／デジタルゲームの性質をまとめると，表 2-1 のようになる。しかし，こうした図式は「ゲームそのもの」についての性質を考える際には有効であるが，実際のゲーム実践を適切に捉えるためには不十分ともいえる。たとえば，会話型ロールプレイングゲーム（以下，テーブルトーク role-playing game：TRPG）[1] は，こ

表 2-1 アナログゲームとデジタルゲームの基本的性質（筆者作成）

	アナログ（非電子）ゲーム	デジタル（ビデオ）ゲーム
ユール（2016）	現実のルール	現実のルールと虚構世界
	創発型ゲームがほとんど	創発型ゲームと進行型ゲーム
三宅（2010）	ルールの明示性	ルールの非明示性

---

1) なお，テーブルトーク RPG は，和製英語である。英語圏では，単に RPG と呼ぶか，デジタルゲームの RPG と区別する場合は Tabletop RPG といわれる。また，『D&D』以来 TRPG にはファンタジー的な世界観をもった作品が多いため，Fantasy Role Playing（FRP）という表現で，実質的に TRPG のことを指す場合もある。

うした図式に収まらない。

TRPGは，1974年の『ダンジョンズ＆ドラゴンズ』（以下，『D&D』）からはじまったジャンルだが，端的にいうと「ファンタジーやSFといった現実とは異なる世界において，役柄（role）を演じる（playing）ゲーム」である。TRPGのプレイは通常3–10名くらいの人数であり（4–7名が最も盛り上がるとされる），ある会の集合から解散までが「セッション」と呼ばれる。一人がゲームマスターという司会役を務め，他のプレイヤーはそれぞれが自分の操るキャラクターを設定し，プレイヤー＝キャラクター同士の会話で進行していく。形式としては，ルールブック（図2-1）に基づき，ダイス・紙・鉛筆などの筆記用具を用いる（コンピュータを用いない）ので，アナログゲームの一種となる。

図2-1　**TRPGのルールブックの例**
（Wizards RPG Team 2014：表紙）

だが，TRPGは現実のルールだけでなく虚構世界をもつことから，ストーリーの方向性のある「進行型ゲーム」でもある。また，ゲームマスターとその他のプレイヤーの非対称性ゆえに，ゲームマスター以外のプレイヤーにとって，ルールは「非明示的」といえる[2]。このように，TRPGは前述したアナログ／デジタルの性質にあてはまらない。もちろん，ユール（2016）はビデオゲームの理論化，三宅（2010）はボードゲームを念頭においた対比なので，それで説明されないのはある意味で当然かもしれない。しかし，本章の最後にふれる「脱出ゲーム」など，これらの図式からはみ出る部分をもつ

---

2) さらに，第3節で詳述するように，プレイヤー同士のネットワークのなかでルールが可変的であったり，ゲームクリエーターが特権的な知識をもっていたりする（とみなされる）ことも，ルールの非明示性を高めている。

ゲームは他にもある。

このように考えると，現在の複雑化したゲームについて考える際には，アナログ／デジタルではない他の思考軸から捉える必要があることがわかる。そこで提起したいのが，（本書全体のテーマでもある）「人・モノ・場所」という視座である。本章では特に，人・モノ・場所をそれぞれ「アクター（行為主体）」と捉えていく。ここでのアクターとは，第1章で述べたB.ラトゥールらによるアクターネットワーク理論（ANT）(Latour, 2007) から示唆された考え方である。ANTにおけるアクターは，人間だけでなく非・人間を対等の資格で含む。それぞれのアクターの性質は他のアクターとの関係によって決まり，そうしたアクターたちのネットワークが社会を構成する。

本章では，人・モノ・場所を，当該のゲームを成立させる（のに不可欠な）アクターとみなしたうえで，TRPGを事例として論じていく。

3 TRPGをめぐる「人」

では，TRPGにおける人・モノ・場所はどのような位置にあり，ゲームを構成するアクターとしてどのように作用しているのだろうか。TRPGを考えるうえで参考になるのが，社会学者のG. A. ファインによる研究（Fine, 1983）である。ファインは，TRPGが登場して間もない1980年代において，それが「共有されたファンタジー」をいかに形成しているのかということを，「社会的世界としてのRPG」という観点から考察した。この場合の社会的世界とは，ファンタジーRPG（以下，FRP）というサブカルチャーの共有が，ある一つの下位社会（subsociety）[3]を形成していることを意味する。なお，社会学的な発想では，サブカルチャーは「集団の文化」だけでなく「そ

の文化を共有するメンバー」も含む。そのためファインの分析も，TRPGの集団性だけではなく，個々の人間にも向かっていた。

こうした視座からのファインの研究は多岐にわたるが，本章の関心から最も重要なのは，FRPの文化が広がるネットワークについての分析（Fine, 1983：31-36）である。それは情報が広がる手段によって四つの種類に分けられており，なかでも「弱い紐帯（weak tie）」と「構造的役割（structural roles）」の二つが，アクターとしての人という本節の論点と大いに関係する。

まず「弱い紐帯」は，もともと社会学者のM.グラノヴェターによる概念である。グラノヴェターは，職業選択の際に，家族や親友といった強い紐帯より，たまたまパーティで知り合ったような弱い紐帯の方が有効な情報をくれることを明らかにした（グラノヴェター，2006）。こうした弱い紐帯について，ファインは「サブカルチャーにとって必須であって，こうしたネットワークはファンタジーゲームのなかで見られる」（Fine, 1983：32）という。初期の『D&D』ではさまざまなローカル・バリエーションがあったが，徐々に中心的な文化や共通のルールセットが形成されてきた。この背景には，アマチュアによる雑誌（同人誌）で展開されたゲーマーたちの活発なコミュニケーションがあった。当時の同人誌では毎号，読者からの手紙によって，その前の号で挙げられた問題へのコメントや，ゲームをするうえでの改良案が提起されていた。こうした「宇宙間の半公式の郵便システム」で，遠距離での情報交換や交流を行っていたのだ（Fine, 1983：33-34）。「人」を介しているとはいえ，「親密な関係の不

---

3) この場合の「下位（sub）」は，論者（ファイン）がそれを「低い価値しかない」といっているのではない。むしろ，正当な位置にある＝mainとされる高級文化（あるいは伝統文化）や制度化された社会集団（国家や公的機関など）に対して，二次的な価値しかないとみなされる文化や社会集団の価値を再認識・再評価するための概念である。

在にもかかわらず」知識が広まることがあったということである。

次に「構造的な役割」は，多くのグループを出会わせるポジションにある個人が担うものである。FRPでのこうした役割はゲームクリエーターなどの人々が担い，プレイのしかたやファンタジー世界の設定など，さまざまなプレイヤーのリクエストに応える。たとえば，『D&D』の原作者であるガイギャックスは，「ヒポグリフは何個の卵を産むのか」という質問をあるプレイヤーから受けたという。このエピソードに典型的なように，クリエーターは作ったゲームについてのすべての疑問に答えるエキスパートとみなされる (Fine, 1983 : 33-44)。

以上の検討からわかるのは，TRPGにおける「人の多元性」だ。TRPGは，そもそも①ゲームマスターとプレイヤーという直接対面する複数の「人」がいないと成立しないゲームだが，②間接的に交流している弱い紐帯の「人」，さらに③ゲームクリエーターなどの構造的な役割を担った「人」が，それぞれの位相でTRPGに関わる情報を媒介としてネットワークを広げ，ルールや虚構世界に関する多様な知識が蓄積されることで，ゲームのプレイが成立していると考えられる。

④ TRPGをめぐる「モノ」

次に，TRPGにおけるモノを考えていきたい。これについては，日本へTRPGを紹介した安田均の著作に基づいて検討したい。

第一に「セッションに欠かせない道具」を挙げることができる。その中心は，すでに述べたルールブックや筆記用具，サイコロだろう。ルールブックに関しては，基本ルールだけでなく，設定内容を詳細に示したものなど，しばしばバージョンアップした書籍が出される（安田, 1986 : 56-57）。また，鉛筆や紙は，キャラクター作成な

どの際に必要である。さらに、サイコロは、プレイ中の（確率で成功するような）行動を判定するときなどの乱数発生に欠かせない[4]。他にも、プレイを記録するための機材、会話を円滑にするための菓子類など、セッションの現場にはさまざまなモノが存在している（図2-2）。

第二に、ミニチュアフィギュアなどの「オプションで使用するモノ」がある。TRPGでは、ミニチュア・シミュレーションゲーム以来の歴史もあって、プレイヤーがなりきる個々のキャラク

図2-2 のセッション時に存在する、さまざまな「モノ」
（安田・村川, 1993：31）

ターにふさわしい質感・存在感をもったフィギュアが重要となった（安田, 1986：61-62）。これに関連して、「コマのキャラクター性」という論点がある。ゲームライターの多根清史（2017）は、TRPGに先行するウォーゲームの歴史を書くなかで、「最古のウォーゲーム」としてH. G. ウェルズの『リトルウォーズ』を挙げている。同作品は「ミニチュアゲーム」の進化形であるが、ウェルズはその「ルール」を整備することで、記号を書いただけの味気ない「コマ」が「キャラクター性」を帯びて、感情移入がしやすくなった。このようにコマがキャラクター性を獲得したことは、後に『D&D』などテーブルトークRPGの出現を促した、と分析されている（多根, 2017）。

第三に、TRPGの世界観を想像する際の「補助」として重要な本や雑誌である。歴史的にみると、先行するSFやファンタジー小

4）乱数発生にはサイコロだけではなく、トランプなど別の手段を用いることもあるが、いずれにせよ何らかのモノが必要であることに変わりはない。

説の想像力のなかから（ミニチュアを使ったシミュレーションゲームを経て）『D&D』などの初期TRPGは誕生した（安田, 1986：49-50）。小説と並んで、現代ではファンタジーやSFのマンガなども同様の位置にあるアクターと考えられる。さらに、同人誌や市販のゲーム雑誌もこの分類に加えることができよう。つまり、ゲームマスターやプレイヤーは、これまで接してきたさまざまな読み物の補助によって、虚構世界を想像するのである。

こうしてみてくると、これらの三つの種類のモノは、それぞれ役割は異なるが、どれもTRPGのプレイを構成する重要なアクターであることがわかる。まず、①ルールブックや筆記用具・サイコロなどの道具は欠かせない。それとゲームマスターやプレイヤーは、②いま・ここにあるフィギュアにキャラクターを仮託して、③さまざまな読み物などを助けに虚構世界を想起しながら、TRPGのセッションを行う。このような「モノ」は、前節で論じた「人」とともに、人とモノの複合的なネットワークを形成して、それぞれがTRPGを成立させるアクターとなっている。

5 TRPGをめぐる「場所」

TRPGの「場所」については、地理的範囲の広さからいくつかの種類に整理できるだろう。

まず、国や地域、都市といった最もマクロな意味での場所がある。繰り返し述べてきたようにTRPGはアメリカ合衆国から起こり、世界に広がった。たとえば、ファインが調査したのはミネアポリスとセントポールのツインシティであるが、両都市は白人が人口の多くを占めるという特定の歴史的文脈を有する場所である。また、たとえアメリカ全土には一般化できたとしても、たとえばデジタルゲームのRPGが先行して普及した日本、あるいはボードゲームの伝統

の強いドイツでは，同じTRPGでもかなり異なったゲーム文化やプレイ実態がみられるだろう。

次に，セッションが行われる会場や建物といった場所がある。先述したファインは，初期FRPのゲーム環境について，「公共的なコミュニティ・ルーム」と「個人の家」「ゲーム・コンベンション」を挙げた（Fine, 1983：22-24）。一つめに関しては，多くのゲーマーが加入している団体がミネアポリス近郊にある「警察署のコミュニティ・ルーム」を使っており，他のより大規模な都市では，同種の団体が「大学のキャンパス」でFRPを行っていた（Fine, 1983：22-23）。二つめは，私的なグループのメンバーの家でセッションを行うというものだ。三つめは，定期的に開催されるTRPGの大会である。個人の家とコンベンションの違いは，後者が，背景が多様で面識がない人ともプレイすることにある（Fine, 1983：23-24）。

最後に，個々のプレイが行われる場所として，部屋や机を指摘できる。ベテランのゲーマーには自明視されていると思われるが，初心者向けのガイドブックなどにはこうした意味での場所についての記述がしばしばみられる。たとえば，日本でTRPGが定着した1990年代前半の入門書（安田・村川, 1993）には，初心者への導入の一環として「場所を探す」という項目が設けられている。そこでは，TRPGがテーブルを囲んで会話しながら進められるゲームであるため，「少し大きめのテーブル」や「コタツのようなもの」が必要になると述べられている。また，盛り上がると大声や大笑いをし，サイコロの音も大きいことから，「人に迷惑がかかる場所では遊ばない」という注意もみられる。それゆえ，「大きなテーブルがあって，多少大きな音を立てても苦情の出ない部屋」が最適だと結論づけられている（安田・村川, 1993：26）[5]。

このようにみてくると，TRPGをめぐっては，①地域や都市といった最も大きい地理的区分から，②セッションが行われる会場や建

物,③個々のプレイが行われる部屋や机といった最も小さな(モノと近接する)領域まで,異なる種類の「場所」が関係していた。では,以上三つの節で行ってきた人・モノ・場所からの検討を総合的に考察すると,ゲームを考えるうえでどのような知見を提出することができるだろうか。

6 ポスト情報ゲーム論へ

ここまで,TRPGについて,「人」「モノ」「場所」をアクターとした検討を行ってきたが,これをまとめたものが表2-2である。

まず,TRPGが,ゲームマスターとプレイヤーの直接的対面,「弱い紐帯」の知り合い,クリエーター側の構造的な役割といった「人」,ルールブックやサイコロ・筆記用具などの道具,キャラクターの質感を高めるフィギュア,虚構世界の想像力を補助する読み物といった「モノ」,地域・都市,会場や建物,部屋や机といった「場所」のどの位相が欠けても成立しづらい(あるいは,異なるプレイ実践となってしまうような)多元的なアクターの媒介によって可能となっていることである(トビラ図版)。

ここで導出された考え方は,TRPGだけでなく,他のゲームにも応用することができるだろう。たとえば,近年話題となっている「脱出ゲーム」というジャンルがある。歴史的には1980年代のビデオゲームで発達したアドベンチャーゲームから派生したもので,日本でも2000年代前半にウェブブラウザ上でプレイできる「(ウェブ)脱出ゲーム」が確立した。さらに,2007年からはSCRAPによって,物理的な場所を使う体験型エンターテイメントである「リアル脱出

---

5) なお,こうした視座から,「カラオケボックスや電車の中」でプレイしている人もいる(安田・村川,1993:27)と紹介されるのは,TRPGにおける場所の多様性という観点から興味深い。

表 2-2 TRPG をめぐる人・モノ・場所（筆者作成）

アクターとしての……	「人」	「モノ」	「場所」
TRPG の場合	マスターとプレイヤー	プレイに必須の道具	地域・都市
	「弱い紐帯」の知り合い	オプション	会場・建物
	クリエーター・デザイナー	読み物	部屋・机

ゲーム」が開始され，2010年代には各地で行われるようになった[6]（SCRAP, 2017）。

こうした「脱出ゲーム」の歴史やプレイ実践は，情報空間（当初のウェブ上），現実空間（リアルな場所）[7]，さらには，『名探偵コナン』をはじめとする虚構空間（コンテンツの作品世界≒虚構世界）にわたって広がるゲームジャンルだ。こうした動きは，第1節で述べた通り，単なる「デジタルからアナログへの回帰」では説明できない。その代わりに提示できるのが，「人・モノ・場所がいかなる組み合わせで形成されているのか」という視座である。たとえば，『リアル脱出ゲーム』についていうと，私自身の参与観察からは次のような論点が見出された。すなわち，「同じチームのなかに，何回も脱出ゲームに参加している「ベテラン」の参加者がいた」[8]といった「人」や，「小物も『コナン』の世界に合わせたような意匠」という「モノ」の重要性である。また，そもそもSCRAPの会場やテーマパ

---

6) リアル脱出ゲームについては，第14章でも，現実を「脱出」する観光という視点から考察される。
7) ここでの現実空間，情報空間，虚構空間の区分は，岡本（2016）に基づいているが，本書の第1章でも同じ概念が説明されるため，詳細な定義は省略した。
8) 筆者が参加したのは，「リアル脱出ゲーム×名探偵コナン FILE3『奇術城（マジシャンズキャッスル）からの脱出』」の，2015年6月28日に大阪ヒミツキチオブスクラップで行われた公演である。また，この一文における二つの引用は，当日のフィールドノートによる。

ークなどの「場所」の要素もゲームの特性と大いに関係があるだろう。このように，同じ脱出ゲームでも，人・モノ・場所の三つの軸から，ウェブでのそれとの多元的な比較が可能である。

こうした要素や動態は，従来のゲームスタディーズでは，プレイや文化の問題，つまり，ゲーム自体の「外側」として扱われることが多かった。しかし，実際には，本章でTRPGに即してみてきたように，ゲームは多様なアクターの集合によって可能になっているため，どこまでがゲーム自体（内側）でどこからが文化や社会の問題（外側）か，区分けすることは容易ではない。

このように考えると，たとえば，社会におけるさまざまな関係を扱ってきた社会学が，ゲーム（特に現代社会において複雑化したゲーム）の研究に重要な視座を与えるに違いない[9]。ファインが依拠したようなE.ゴッフマンによるフレーム分析や，あるいはエスノメソドロジーなども，そうした可能性のある研究方法だろう（松井他, 2017）。

最後にふれておきたいのが，本章のようなゲーム研究のメディア論への展開可能性である。デジタルメディアが環境化した現代社会（土橋, 2011）においては，スマホのなかのゲームも複雑化したネットワーク環境のなかで存在している。しかしこうした複雑化は，インターネットやデジタルメディアに限らないだろう。筆者はかつて，本章と同じくANTを手がかりの一つとして，模型というモノを（他の人やモノとの関係のなかで）「時間と空間を媒介するメディア」として分析した（松井, 2017）。その成果に基づくと，他のさまざまなメディアも，記号的な情報だけでなく，人・モノ・場所が複合的に

---

[9] これに関して社会学者・ゲーム研究者の高橋志行は，「社会学がゲームに関するある悩みを解決」する方向と，「社会学の側の［略］ほかの重たい悩みを解決」するためのゲーム，という両方の可能性を示している（高橋, 2018：65）。

組み合わさって成立していると考えられる（本書第1章）。

 こうした点を踏まえて，本章で得られた知見は以下のように整理することができる。つまり，アクターとしての「人」「モノ」「場所」は，それぞれがTRPGのルールや虚構世界を固有のしかたで媒介する〈特定のメディア（the medium）〉であるが，ネットワーク化したそれらの総体は「TRPG」という固有の集合的な特性をもつ〈複合的メディア（the mixed media）〉になっている[10]。

 以上の〈複合的メディア〉に関する仮説的な知見は，他のゲームの分析にも応用できる。また他のメディアとの比較を可能にする視点でもあるだろう。さらに，こうした複合的メディア（ミックスドメディア）は，他の異なるメディアと「メディアミックス」（スタインバーグ，2015；本書第1章・第3章）することで，現在の複雑なメディア環境を構成していると考えられる。このように考えると，旧来の「情報メディア」が当たり前の前提になった現在，「人・モノ・場所の複合体」として「メディア」を再定義する視点はますます重要になってくるに違いない。

【謝　辞】
本研究は，公益財団法人 大幸財団 学術研究助成事業（人文・社会科学系，2016年度）の助成による。

---

10) ここでの「複合的メディア（ミックスドメディア）」という言い方は，美術における「混合技法」と同じ語でありつつも，メディア論において固有の意味をもつ概念として用いている。美術用語としてのミックスドメディアは，複数の手段（＝メディア）を組み合わせることで，単体の技法ではできなかった表現が可能になることを意味する。その類比で考えると，本章での「複合的なメディア」は，ある種のメディア（medium）である人・モノ・場所が複合することで，単独ではなしえなかった（単独とは異なる）媒介性をもつメディアとなることを意味する。

●ディスカッションのために

1. アクターとは何か。本章の言葉を用いて説明してみよう。
2. 本章でTRPGを事例に提示された〈複合的メディア〉という視点だが、他の種類のゲームは人・モノ・場所がどのように複合して成立しているだろうか。具体的なゲームジャンルやタイトルを挙げて考えてみよう。
3. 本章で行われた考察を参考にしながら、アニメ、映画、演劇など自分の好きなコンテンツについて、そのコンテンツが楽しまれる「人」「モノ」「場所」にふれながら具体的に事例を挙げて説明できるだろうか。話し合ってみよう。

●引用・参考文献

岡本 健 (2016).「メディアの発達と新たなメディア・コンテンツ論―現実・情報・虚構空間を横断した分析の必要性」岡本 健・遠藤英樹［編］『メディア・コンテンツ論』ナカニシヤ出版, pp.3-20.

グラノヴェター, M. S.／大岡栄美［訳］(2006).「弱い紐帯の強さ」野沢慎司［編・監訳］『リーディングスネットワーク論―家族・コミュニティ・社会関係資本』勁草書房, pp.123-158.

SCRAP［編］(2017).『リアル脱出ゲームのすべて―10th Anniversary』SCRAP出版

スタインバーグ, M.／大塚英志［監修］／中川 譲［訳］(2015).『なぜ日本は「メディアミックスする国」なのか』KADOKAWA

高橋志行 (2018).「ゲームを社会学する、までの第一歩」有田 亘・松井広志［編］『いろいろあるコミュニケーションの社会学』北樹出版, pp.62-65.

多根清史 (2017).「コーエー『信長の野望』は歴史の特異点なのか？ まず人類がゲームで戦争をシミュレーションしてきた歴史を省みよう―ゲーム語りの基礎教養SLG編・第1回」『電ファミニコゲーマー』(2017年10月27日付)〈http://news.denfaminicogamer.jp/column03/171027b (最終閲覧日：2018年6月14日)〉

土橋臣吾 (2011).「環境化するデジタルメディア」土橋臣吾・南田勝也・辻泉［編著］『デジタルメディアの社会学―問題を発見し、可能性を探る』北樹出版, pp.12-22.

松井広志 (2017). 『模型のメディア論―時空間を媒介する「モノ」』青弓社
松井広志・井口貴紀・大石真澄・李　天能 (2017).「多元化するゲーム文化の研究課題―利用と満足・ゲーム実践・メタゲーム」『愛知淑徳大学論集 創造表現学部篇』7, 23-38.
三宅陽一郎 (2010).「ボードゲームからデジタルゲームを捉える」デジタルゲームの教科書制作委員会『デジタルゲームの教科書―知っておくべきゲーム業界最新トレンド』ソフトバンククリエイティブ, pp.321–340.
安田　均 (1986).『SFファンタジィゲームの世界』青心社
安田　均・村川　忍 (1993).『テーブルトークRPGがよくわかる本』角川書店
ユール, J./松永伸司 [訳] (2016).『ハーフリアル―虚実のあいだのビデオゲーム』ニューゲームズオーダー (Juul, J. (2005). *Half-real: Video games between real rules and fictional worlds*. Cambridge, MA: MIT Press.)
Fine, G. A. (1983). *Shared fantasy: Role-playing games as social worlds*. Chicago: University of Chicago Press.
Latour, B. (2007). *Reassembling the social: An introduction to actor-network-theory*. Oxford: Oxford University Press.
Wizards RPG Team (2014). *Player's handbook: D&D core rulebook*. Wizards of the Coast.

物流するメディア[1]

メディアミックス・ハブとしてのコンビニエンスストア

マーク・スタインバーグ／岡本　健・松井広志［訳］

　コンビニエンスストア（以下，コンビニ）は，日本の風景に遍在している。都市中心部に近接したベッドタウンでは，コンビニは駅周辺に立地しており，人々が通勤・通学時に立ち寄って，コーヒーやエナジードリンク，食べ物などを買い求める。また，子どもがおやつを買う様子や，雑誌の立ち読みや購入をする姿もみられる。一方で，人口密度の高い都市部においてコンビニは，鉄道駅のなか，街角，オフィスビルの内部などでみられる。また，地方や郊外では，バイクや車で移動する人々にとっての立ち寄り場所となっている。コンビニは，どこに置かれても，その豊富で多様な品揃えによって，日常生活のハブの役割を果たす。コンビニについては，その物流の仕組みが注目されることが多いが，本章では，コンビニという場所の「メディアミックス・ハブ」としての役割を明らかにしたい。

1 コンビニの「物流領域」と「メディア領域」──

　コンビニという場所は、日々の生活の一部として、メディア・コンテンツにも登場する。たとえば、村田沙耶香による芥川賞受賞小説の『コンビニ人間』(2016) の主人公は、大学時代から18年間コンビニで働き続けてきた女性だ。『コンビニ人間』では、コンビニにおけるマニュアル通りの機械的な仕事、刻々と到着する配送、ピーク時の混雑など、現実のコンビニで見られる場面が詳細に描写された。また、2017年7月には、『コンビニカレシ』がTBS系列で放送された。本作は、2015年4月に女性向けのドラマCD付のムック本として世に出されたもので、KADOKAWA傘下のGzブレインとコンビニ大手のローソンが共同制作した。『コンビニカレシ』では、これまでの同様の恋愛ものの多くで舞台となった学校だけではなく、コンビニも重要な役割を果たしている。また、『コンビニカレシ』には、大手印刷会社の凸版印刷の子会社である図書印刷がアニメの製作に協力している。

　これらは、いずれも本章におけるコンビニの重要な側面を浮き彫りにしている。すなわち、コンビニの「物流領域」と「メディア領域」である。お菓子売り場には、最新のアニメ番組とのタイアップ商品やグッズが並び、飲み物のコーナーでは、最新の音楽や映画とコカ・コーラやポカリスエットとのタイアップキャンペーンがみられる。コンビニは、最新のメディアミックス[2]の商品プロモーションのハブとして機能しているのだ。

---

1) 本章は、Steinberg, M. (2018, forthcoming). Delivering media: The convenience store as media mix hub. Johnson, D., & Herber, D. (eds.), *Point of sale: Analyzing media retail* を基に、編者の岡本健および松井広志が翻訳を行い、日本の読者向けに適宜データや事例を補うなどして、文章の大意は変えずに改稿を施したものである。

コンビニのメディア領域は，その「小売り」と「宣伝」の場としての卓越性にもかかわらず，小売研究や物流（流通）論や，メディア研究においてこれまで重要視されてこなかった。

確かに，コンビニの商品で最も売り上げの高い商品は新鮮な食品やファストフードであり，ビジネス的関心からはここに焦点をあてるのは当然である。お弁当，おにぎり，オリジナルのファストフードなどの食品は，売り上げ全体の2-3割を占めている（根城・平木, 2015）。あるいは，コンビニはその物流の巧みさの面で注目を集めてきた。コンビニの物流方式は，トヨタ自動車の生産方式であった「JIT（ジャストインタイム）方式」を応用したような形である。JIT方式は，「必要なタイミングに，必要なものを，必要なだけ作る」という考え方に基づくものだが，セブン-イレブンは，これの配送版をやってのけたのである。

他方，アニメやマンガなどのメディア研究では，ファンの実践としての消費活動や，その形式，あるいは作品の製作が注目される傾向にある。小売店が取り上げられる場合でも秋葉原や池袋に関するものが多く，これらは，ファンたちが集い，消費し，グッズを交換する場としての側面についての研究になっている（Galbraith, 2013；Steinberg & Ernest dit Alban, 2018）。大塚英志による著書『物語消費論』(1989) では，1970年代に仮面ライダースナックで，そして，1980年代にはビックリマンチョコで起こった狂騒が取り上げられ

---

2) メディアミックスは，日本ではビジネスの場面や一般用語としてよく使われる言葉で，同一作品の，複数メディアを通した展開のことを指す。北米では「トランスメディア・ストーリーテリング」や「メディア・コンバージェンス」と呼ばれるものに類似している。『なぜ日本は「メディアミックスする国」なのか』では，メディアミックスの実態や歴史的経緯を明らかにするとともに，これらとの類似点や相違点について詳細に議論を行った（スタインバーグ, 2015）。

た(大塚, 1989)。当時，これらのお菓子が「おまけ(カードやステッカー)」を得るために大量に購入され，ポテトチップスやチョコレートが捨てられてしまい，社会問題化していた。大塚はその消費パターンは分析したが，購入した場所については扱っていない。また，拙著『なぜ日本は「メディアミックスする国」なのか』(スタインバーグ, 2015)では，アニメなどのメディアの特徴やメディアミックスに関わる業界団体を取り上げたが，メディアミックスの空間的側面には分析が及んでいない[3]。

そこで本章では，具体的な事例を取り上げながら，コンビニの物流のハブとしての側面と同時に，メディアミックスのハブとしての側面を明らかにし，コンビニ研究の視角を提示する。

2 循環する物流(ロジスティクス)，宣伝の構造(アーキテクチャ)

物流は，モノと人の動きを管理する技術であり，科学である[4]。一方の，メディアミックスは，物事を循環させ，特定のキャラクターや物語，フランチャイズ[5]を適切に配置することで，人々を，この循環に反応させたり，参加させたりする技術だ。メディアの環境化は，メディアミックスの主要な効果の一つで，日本のメディアミックスは，広告とブランド拡張の遍在性によって作動している(スタインバーグ, 2015)。これは，キャラクターベースの画像やモノ

---

3) この点に関する関連文献として，ラマール(2013)とLamarre(2018)の2冊を挙げておく。
4) 物流や流通論の基礎知識は『現代物流の基礎 改訂版』(森, 2013)や『はじめての流通』(崔他, 2014)などにまとまっている。
5) 本章において「フランチャイズ」は，特定のコンテンツ作品および，それに関連したグッズやイベント，他メディア展開などを含めた一連のメディアミックスを指す言葉として用いている。

が，日本の視覚的風景の至るところに見られる理由の一つだ。つまり，「物流」と「メディアミックス」は，モノと人の循環の相補的な包囲という点で共通しており，コンビニは，この循環ネットワークの重要な結節点なのである。それゆえ，コンビニの店内は，本論で議論する現象が観察できる最適な場所の一つであるといってよい。

大塚英志が取り上げたビックリマンチョコの例に顕著なように，メディア産業は「チョコレート」を乗り物，あるいは，媒体として捉えて，店舗，そして，最終的には消費者に到達させるための手段として用いている。大塚は『物語消費論』のなかで，次のように指摘した。

> 「ビックリマンチョコレート」においては，〈チョコレート〉は，製造元が菓子メーカーであり必然的に食品流通のルートに乗って販売されなくてはならないという理由のみで，〈チョコレート〉という形態をとったにすぎない。商品の本体は〈シール〉であり，〈チョコレート〉はこれを消費者の許に届けるメディア（つまり〈シール〉を入れる容器）としての役割のみを果たしているのである。（大塚, 1989）

この点を踏まえると，商品はもちろん，コンビニという場所それ自体も，キャラクターグッズの流通，メディアミックスプロモーションのハブとしての機能をもつと考えられる。

メディアミックスという現象を捉えるためには，「メディア」という概念を，新聞やテレビ，雑誌などといったコミュニケーション研究で扱われる典型的な「マスメディア」の範囲よりも拡大して考える必要がある。チョコレートは，ビックリマンのシールの循環とサプライチェーンルートのための媒体だ。この商品の主要な部分はシールであり，チョコレートはメディア（すなわち，シールのコンテナ）の役割を果たしている。同様に，コンビニの店舗それ自体も，

たとえそれ自体が表現的にメディアの形式をとっておらずとも，流通や情報伝達のためのメディア（媒体）として機能している。コンビニの店舗は，環境と乗り物の両方の性質をもち，場所そのものを宣伝メディアにしているとまとめることができる。

宣伝メディアとしてのコンビニという考え方は，日本のメディア産業とマーケティング担当者の間では常識だ。たとえば，アニメーション制作会社株式会社サンライズの太田健介（キャラクターワークス事業部ライツプロモートチームマネージャー）は，『TIGER & BUNNY』シリーズにおけるローソンとのコラボレーションについて語るなかで，コンビニそのものを「媒体」や「ユーザーの「タッチポイント」」と表現している（小池, 2013）。あるいは，株式会社スクウェア・エニックスの齊藤陽介（エグゼクティブ・プロデューサー）は，『ドラゴンクエストX―目覚めし五つの種族 オンライン』でローソンと連携したことについて，次のように述べた。

> そして，いざゲームやアニメと連動したキャンペーンが始まると，それらの店舗で一斉にポスターが貼り出されたり，コラボグッズを発売したり，PV が放映されたりする。これはもう《情報の拡散》に関してはテレビ CM に匹敵するほどの出稿量ですし，お客様が実際に商品を手に取ってくれる《距離感》の面でも，この展開に勝る宣伝方法は他にないと思います。（小池, 2013：198）

メディアでの露出と，コンビニでのフランチャイズキャンペーンをうまく同期させることができれば，全国的な宣伝が可能になるというわけだ。

特定のメディア作品に関する商品がコンビニに置かれるということは，その作品のライセンスをもつメディア産業とコンビニの双方

に利益をもたらす。作品の強力な宣伝になる一方で、作品ファンを特定のコンビニチェーンにひきつける役割ももっているのだ。

3 コンビニとキャラクター（グッズ）： 食玩とホビートイ

　コンビニの影響力の強さの背景にはその莫大な店舗数がある。2014年時点で、コンビニは日本全国に約52,000店あり、売上高は9兆7309億円に上る。コンビニチェーンの一つセブン-イレブン（17,491店舗）では、一店舗につき一日平均約1,000人が訪れ、チェーン全体では、一日約1,700万人が利用していることになる（根城・平木, 2015）。この店舗数により、商品を開発するメーカー側からすると、コンビニのプライベートブランドのラインナップに自社商品が選ばれれば、そのチェーンの店舗で販売されることとなり、大量の発注が見込める。

　同様に、キャラクターグッズのメーカーも、個々のブランドの商品やコンビニチェーンのキャンペーン専用の商品を作るプロジェクトに参加することを競っている。これは、特定のメディアフランチャイズをめぐるキャンペーン企画の文脈において起こる。たとえば、セブン-イレブンが『名探偵コナン』の1か月にわたるキャンペーンを行うと、店舗では多くのグッズを扱うようになる。このようなキャンペーンは、あるレベルでは、『名探偵コナン』の著作権保有者とコンビニチェーンの間で交渉が行われるだろう。また、別のレベルでは、このキャンペーン専用の商品を作るために、商品メーカーとコンビニチェーンの間で交渉が行われる。作品ファンが、期間限定商品を手に入れるためには、セブン-イレブンに行く必要がある。

　コンビニでみられるキャラクターグッズにはいくつかの種類がある。そのなかの一つが「食玩」だ。

たとえば，玩具会社のキャラアニは,『名探偵コナン』フルーツキャンディーという商品を2017年4月に発売した（1袋，324円）。キャンディーは六つ入っているが，この製品の魅力は，ランダムに封入されている全8種類のオリジナルクリアファイルだった。

一方，2000年代初めにコンビニで盛んにみられたキャラクターグッズに「ホビートイ」と呼ばれるものがある。『月刊コンビニ』の2002年4月号には,「止まらぬ大人買い——コンビニ「玩具・玩具菓子」過熱」という記事が掲載されている。食玩のターゲットよりもニッチな，コレクターやマニア向け市場をターゲットにした商品だ。これらは，コンビニで販売されている商品の平均価格の上限値に近い500円〜600円の価格帯に含まれる。

たとえば，キャラアニは，人気のある『おそ松さん』フランチャイズに関連した「てるこっと」フィギュア（第1弾，第2弾は670円，第3弾は700円）の限定版を生産し，セブン-イレブンと提携して『おそ松さん』の関連商品を店舗で展開した。おそ松さんフィギュアは『名探偵コナン』グッズよりも高価である。コレクターをメインターゲットにしたもので，購入者の多くは4,200円を支払って全6種入りのボックスを購入した。

以上でみた『名探偵コナン』と『おそ松さん』の事例には共通点がある。いずれも，作品のグッズが特定のコンビニチェーンに対して，消費者を引き寄せるように機能している。それと同時に，特定のフランチャイズに，コンビニチェーンの顧客を巻き込むチャンスとなっている。そして，キャラアニのようなグッズメーカーにとっては，全国に流通が保証される製品を作る機会になっているのだ[6]。

しかし，ホビートイについては，2017年時点では一時期ほどの勢いはなく，市場は減少傾向にある。実際，キャラクターグッズメーカーである株式会社キャラアニのシニアマネージャーである小久保浩および，CEO（代表取締役社長）の田村明史はともに，現在の

コンビニではキャラクターグッズの売り上げが低迷していると述べた[7]。小久保は，2000年代にはコンビニの約60％が何らかの玩具を扱っていたのに対して，2017年では約10％程度にすぎず，ホビーグッズの普及率が急激に低下していると推定している。

コンビニは，店舗内の商品の70％以上が毎年変化していくので，こうした流

図 3-1 セブン‐イレブンの商品陳列棚。ホビートイと食玩，菓子が同じ棚に並べられている
（神奈川県江の島，2017年8月8日，筆者撮影）

行り廃りのスピードも速い（根城・平木, 2015）。ホビーグッズの取り扱いの減少が一時的なものなのか，アニメグッズ専門店やアニメイトなどの他の小売業者，あるいは，ネット販売などがコンビニに置き換わったことを意味するのか，メディアミックス・ハブとしてのコンビニの役割は継続的に注視していく必要がある。

4　コンビニがメディアを生み出す：製作委員会，雑誌『ヒーローズ』

グッズを販売する以外の方法で，コンビニがコンテンツビジネスに参画する例も出てきている。大手コンビニチェーンのローソンは，アニメの製作委員会に名を連ねたり協力したりしている。子会社の

---

6) 小久保浩（株式会社キャラアニ シニアマネージャー）および，田村明史（株式会社キャラアニ 代表取締役社長）へのインタビュー（2017年8月4日）
7) 小久保浩および，田村明史へのインタビュー（2017年8月4日）

「ローソンHMVエンタテイメント」も含めると『心が叫びたがってるんだ。』『だがしかし』『君の名は。』『メアリと魔女の花』といった作品に参加している。ローソンの目的は，メディアミックス事業における収入をめぐる権利の一部を取得することであり，作品やキャラクターを商品化企画や広告キャンペーンに活用することだ。小池一夫は，『ホット＆クール！――ローソンのソーシャル・キャラクター戦略』のなかで，ローソンについて，「キャラクターそれ自体」と「プロモーションツールとしてのキャラクター」の両方を効果的に使っていることを実例を挙げて指摘している（小池, 2013）。

コンビニで雑誌を読む客の姿は，店内におけるメディア消費行動のなかで一般的な風景だ。店頭では，消費者を店舗にひきつけるためのツールとして雑誌を活用している[8]。そのため，禁止文を出している店舗でも「立ち読み」をある程度許容している様子がみられる。コンビニの店舗構成の工夫のなかに，人気商品である雑誌，弁当，飲み物を三方の壁面に配置するというものがあり，多くの店舗で雑誌や新聞は入り口付近の壁面に配置されている（根城・平木, 2015）。駅のホームにあるようなかなり小規模な店舗でさえ，最新の新聞や週刊誌，マンガ雑誌を入手することができる。

日本独自の書籍や雑誌の流通業者に「取次」がある[9]。「取次」は本の卸売業者であり，書店やコンビニなどの店舗に流通させる雑誌や書籍をマネジメントするために，それぞれの店舗のPOS（Point of Sales）データを用いる。たとえば，ある店舗の雑誌の80％以上はこれまでの売上データを基に取次によって決定され，残りの20％程度は店舗の意向をある程度反映して商品構成が決定されるといった具合だ。取次には，店舗に雑誌を配達し，コンビニチェー

---

8) 店舗によっては雑誌の立ち読みが完全に禁じられている場合もある。
9) 出版業界の仕組みについては，『出版メディア入門 第2版』（川井, 2012）に詳しい。

ンと交渉する責任をもつコンビニエンスストア部門がある。取次を通すことのメリットの一つは，「委託販売制度」により，売れ残った書籍や雑誌を店舗側は無償で返品することができる点だ。書籍や雑誌全体の販売が低迷し，出版不況と呼ばれ，小規模書店の閉店が相次ぐなかで，コンビニでの売り上げは大きい。たとえば，『月刊コンビニ』の2006年11月号には，次のような記述がある。「2006年9月末現在店舗数1万1454店舗のセブン-イレブンだけでも，「雑誌の販売金額に占めるセブン-イレブンのシェアは，トータルで9.5％，漫画雑誌の20％。少年ジャンプだけで18％，パチスロ雑誌では30％」（セブン-イレブン）にのぼっており，全チェーンを合わせると，書店を大きく上回る」[10]。

あるいは，大手出版取次の日本出版販売株式会社（通称，日販）が発行する『出版物販売額の実態 2017』には，販売ルート別の出版物販売額のデータが掲載されている（日本出版販売株式会社営業推進室書店サポートチーム，2017）。販売ルートとして，「書店」「コンビニエンスストア」「インターネット」「その他取次経由」「出版社直販」の5点が挙げられ，その経年データが示されている。そのうち「コンビニエンスストア」の割合の推移を表したものが表3-1である。

これをみると，1979年に0.5％であったコンビニの割合は，ほぼ毎年増加し，1990年には11.7％と10％を超える。1991年にいったん割合を下げるものの，その後も増加を続け，1998年には20％を超える。その後，2005年まで20％程度を維持するが，2006年以降は20％を切り，2016年時点では10.8％となっている。一時期に比べて割合が減ってはいるものの，出版物の販売ルートとして，コンビニは一定の存在感を維持している。2016年時点の販売ルート別構成比をみると，「書店」が63.3％，「コンビニ」が10.8％，「出版社

10）「見直そう！　「コンビニの雑誌・書籍・コミック」」『月刊コンビニ』（2006年11月号）。

表 3-1 販売ルート別出版物販売額における「コンビニ」の割合の推移
(日本出版販売株式会社営業推進室書店サポートチーム (2017：10) から訳者が作成)

年	割合	年	割合	年	割合	年	割合
1979	0.5	1989	9.9	1999	20.9	2009	13.7
1980	0.7	1990	11.7	2000	21.5	2010	12.9
1981	1.5	1991	11.0	2001	20.9	2011	12.1
1982	1.8	1992	14.4	2002	21.3	2012	11.9
1983	2.2	1993	14.5	2003	20.5	2013	11.4
1984	3.4	1994	16.5	2004	20.0	2014	11.4
1985	3.9	1995	17.4	2005	20.0	2015	10.6
1986	4.6	1996	17.8	2006	17.1	2016	10.8
1987	5.3	1997	19.6	2007	15.7		
1988	6.1	1998	20.6	2008	15.0		

直販」が10.7%,「インターネット」が10.6%,「その他取次経由」が4.6%となっており,コンビニは「出版社直販」や「インターネット」と同程度の売り上げを占めている(日本出版販売株式会社営業推進室書店サポートチーム, 2017)。

つまり,コンビニが売り上げと消費者をひきつけるために雑誌を活用していると同時に,出版社と取次はコンビニのネットワークを活用して,販売を行っているのだ。とはいえ,ホビートイでもみられたように,コンビニの店舗に置かれる商品は常に変化しており,コンビニの店舗戦略や商品流通のあり方もまた,ニーズに合わせて変化していく。

コンビニで独占的に販売されるマンガ雑誌や単行本もある。コンビニ専用雑誌の例として『月刊ヒーローズ』を挙げておきたい[11]。本誌は,600頁近くある月刊誌だが,200円という低価格でセブン-イレブンで独占的に販売されている[12]。このプロジェクトは,株式会社小学

---

11) 2017年8月3日に,個人的な会話のなかで,『月刊ヒーローズ』に注目するようにとアドバイスをくださり,背景情報や販売戦略について教えてくださった大塚英志に感謝を申し上げる。

第3章 物流するメディア　49

館クリエイティブとフィールズ株式会社（パチンコ機・パチスロ機の販売など）が共同で行っている。パチンコやパチスロは，利用者をひきつける手段としてキャラクターをデザインに組み込むことが多いため，フィールズにとっても，キャラクターIP（Intellectual Property：知的財産権）が得られることにはメリットがある。『月刊ヒーローズ』からは手塚

図3-2　セブン-イレブンの雑誌コーナー。左上には『月刊ヒーローズ』のポップ広告が掲出されている。（神奈川県江の島，2017年8月8日，筆者撮影）

治虫の『鉄腕アトム』のリメイク作品である『アトム―ザ・ビギニング』や，特撮作品の『ウルトラマン』をモチーフにした『ULTRAMAN』，2018年1月からアニメも放送されている『キリングバイツ』などが連載されている。

　あるいは，コンビニコミック，廉価版コミックなどと呼ばれる，ペーパーバックタイプのコミックスがある。このタイプのコミックスはもともと，人気が長く継続している古典的作品の復刻版がメインだったが，その後，コンビニコミックのために書き下ろされたオリジナル作品も登場している。こうした作品のなかには，主にパッケージでリリースされる映画である「Vシネマ」のコミカライズ版なども含まれる。コンビニと雑誌の関わり一つをとってもさまざまな関係性がみてとれることがわかるだろう。

12）単行本は書店でも流通している。

5 ヴァーチャルとリアルにおけるコンビニ：『スナックワールド』

　コンビニとメディアの新たな関係性を示唆する最新の事例に『スナックワールド』がある。『スナックワールド』とは，2017年に開始されたメディアミックスプロジェクトで，『ポケットモンスター』や『妖怪ウォッチ』に参加した製作者や脚本家が手がける作品だ。『スナックワールド』は，『ドラゴンクエスト』や『ファイナルファンタジー』などの日本のRPG作品では一般的なモチーフであるファンタジー世界を舞台にした作品だが，現代的な「スマートフォン」や「コンビニ」も登場するという独自の世界観をもった作品だ。英語版アニメのオープニングソングの歌詞は，それを端的に説明している。

> "Snack World, the hallowed ground of dreams and adventure. A world full of dragons, smartphones, and convenience stores. It's a pretty cool place."「スナックワールドは夢と冒険の神聖な場所，ドラゴンとスマホとコンビニが全てそろった，とてもクールな場所」

　登場キャラクターの名前は食べ物の分類に由来しており，冒険のなかで出会い，集めていくモンスターや仲間は「スナック」と呼ばれる。この「スナック」は，有名なJRPG[13]作品である『ポケモン』のモンスターや『妖怪ウォッチ』の妖怪と類似している。本作では，コンビニが，ゲーム内の街や，モンスターなどの育成と復活のためのハブとしてアニメの風景のなかに登場する。

　本作とコンビニの関わりは，作品世界に「ヒーローマート」というコンビニが登場することのみならず，現実世界のコンビニで

販売されたグッズを作品世界で使用する仕組みが実装されていることが挙げられる。『スナックワールド』では,「ジャラ」と呼ばれる武器や「スナック」と呼ばれるアイテムや仲間を現実世界で購入することで,ゲームを有利に進めることができる。これらはただのフィギュアとしてのグッズではなく,小型NFC（Near Field Communication：近距離無線通信）チップが内蔵されている。キーホルダーサイズの3次元のプラスチック製の剣やキャラクターを,ゲーム機であるニンテンドー3DSで読み取ることで,ゲームの世界でもこれらを手に入れることができるのだ[14]。つまり,「ビックリマンチョコ」と同様に「ジャラ」も,パッケージのなかに入っている小さなガムは,食品流通システムにNFCチップ内蔵型のフィギュアを流通させるメディアとして機能している。

コンビニそれ自体にもいえることだが,メディアミックス作品『スナックワールド』は,日本の子どもたちがそれらを好むように社会化された三つのもの,すなわち「食べること」「遊ぶこと」「キャラクター」を同時にもたらしている。他のメディアミックス作品と異なるのは,本作が,現代のメディア環境におけるコンビニのハブ的機能そのものにも目を向けている点にある。『スナックワールド』世界のなかで,キャラクターを回復させたり,アイテムを購入したりするべく「ヒーローマート」を訪れるのと同様に,現実世界でのコンビニは,メディアミックスが促進され,その循環を通して子どもたちがヒットポイントを回復する場所になっている。『スナ

---

13) JRPGとは,文字通り「日本のロールプレイングゲーム」を指す言葉で,欧米において,通常のRPGとは別のジャンルと認識されたものである。一本道の展開などの物語面と,コマンド選択式の戦闘システムなどのシステム面との両方で,欧米におけるRPGと大きく異なると考えられている。

14) 『スナックワールド』の「ジャラ」や「スナック」については,『スナックワールド—超ゴージャスジャラ図鑑』（小学館, 2018）に詳しい。

図 3-3　アニメ『スナックワールド』第 1 話より

ックワールド』は，おそらく例外的な事例ではあるが，メディアミックス商品と子どもの消費者の毎日の循環において，コンビニが果たしている決定的な機能を浮き彫りにしている。

6　デリヴァリング・メディア：物流するメディア

コンビニは，食玩やホビートイ，キャラクターグッズ，雑誌，書籍を配達し，宣伝する。それらのなかには，コンビニ（あるいは，一つのコンビニチェーン）を単独の供給ラインとして利用するものもある。そして，『スナックワールド』に至っては，メディア・ハブとしてのコンビニの機能そのものを現実世界のみならず，ゲーム世界やアニメーションのなかでも展開した。

ここで，他のメディアについても考慮しておこう。セブン-イレブンの店舗にCDが流通し始めたのは1992年であり，ビデオゲームは1996年からだ[15]。2000年の時点で，ローソンの「Loppi（ロッピー）」を皮切りに，マルチメディア端末が複数のチェーンに導入された[16]。これらの端末は，ビデオゲームから音楽，電子書籍

---

15)「コンビニ25年」『月刊コンビニ』（1999年10月号）

に至るまで、さまざまな種類のデジタルコンテンツの物理的な流通センターとなった[17]。さらに、現在、コンビニは電子商取引戦略の重要な要素と位置づけられている。LINE 社とファミリーマート、伊藤忠商事が業務提携し、LINE とつながったコンビニエンスストアの開店が発表された。これは、Amazon 社の「Amazon Go」モデルのコンビニに似ているが、人とのコミュニケーションの面で新機軸を打ち出すとしている[18]。

こうした展開には今後も注意が必要である。本章では、コンビニにおける日常的な消費者体験に最も共通し、メディアミックス・フランチャイズ戦略に最も密接に関連する種類の商品に焦点をあて、コンビニとその流通サプライチェーンをプロモーション戦略の場所あるいは「メディア」として位置づけてきた。

コンビニは、メディアミックスの物理空間における重要な結節点として、メディアにおける最新の動向と人々が日々出会う場所として、また、特定のメディアミックスをめぐる情報や宣伝が流れる空間として機能している。毎日の食品と週 6 日の雑誌の配送によって、コンビニは、物流のハブとなり、宣伝のメディアともなっている。そのうえ、メディア・コンテンツの作り手としての役割も担っている。コンビニという場は、さまざまな意味で「デリヴァリング・メディア（物流するメディア）」なのだ。

---

16)「止められないバス―ATM、ネットビジネスのゆくえ」『月刊コンビニ』（2000 年 2 月号）
17)「e-ビジネス狂騒曲」『月刊コンビニ』（2000 年 4 月号）
18) 大澤昌弘「ファミマと LINE が次世代店舗で提携、日本版「Amazon Go」の誕生か」『マイナビニュース』（2017 年 6 月 16 日）〈https://news.mynavi.jp/article/20170616-famima/（最終閲覧日：2018 年 6 月 14 日）〉

> ●ディスカッションのために
> 1 メディアミックスとは何か。またコンビニエンスストアがメディアミックスのハブであるとはどういう意味か，本章の言葉を用いて説明してみよう。
> 2 普段コンビニに行くときに本章でふれられているような商品を購入したことはあるだろうか。ある場合はどのような商品をなぜ購入したのか。ない場合は，なぜ購入しなかったのかを考えてみよう。
> 3 どのようなメディアミックスが行われた商品があれば，自分は購入したいと思うだろうか。話し合ってみよう。

●引用・参考文献

新井美江子・大矢博之・小栗正嗣・小島健志（2016）．「特集 コンビニを科学する」『週刊ダイヤモンド』*14*(42), 26-73.

大塚英志（1989）．『物語消費論―「ビックリマン」の神話学』新曜社

川井良介（2012）．『出版メディア入門 第2版』日本評論社

小池一夫（2013）．『ホット＆クール！―ローソンのソーシャル・キャラクター戦略』小池書院

小学館（2018）．『スナックワールド―超ゴージャスジャラ図鑑』（月刊『コロコロコミック』（2月号増刊））

スタインバーグ, M.／大塚英志［監修］／中川 譲［訳］（2015）．『なぜ日本は「メディアミックスする国」なのか』KADOKAWA

崔 容熏・原 頼利・東 伸一（2014）．『はじめての流通』有斐閣

日本出版販売株式会社営業推進室書店サポートチーム［編］（2017）．『出版物販売額の実態 2017』日本出版販売株式会社

根城 泰・平木恭一（2015）．『最新コンビニ業界の動向とカラクリがよ～くわかる本―業界人，就職，転職に役立つ情報満載 第3版』秀和システム

村田沙耶香（2016）．『コンビニ人間』文藝春秋

森 隆行（2013）．『現代物流の基礎 改訂版』同文舘出版

ラマール, T.／藤木秀朗［監訳］／大﨑晴美［訳］（2013）．『アニメ・マシーン―グローバル・メディアとしての日本アニメーション』名古屋大学出版会（LaMarre, T. (2009). *The anime machine : A media theory of animation.* Minneapolis, MN: University of Minnesota Press.）

Galbraith, P. W. (2013). Maid cafés: The affect of fictional characters in

Akihabara, Japan. *Asian Anthropology*, *12*(2), 104-125.
Lamarre, T. (2018). *The anime ecology: A genealogy of television, animation, and game media*. Minneapolis, MN: University of Minnesota Press.
Steinberg, M., & Ernest dit Alban, E. (2018). Otaku pedestrians. In P. Booth (ed.), *A Companion to fandom and fan studies*. Oxford: Wiley-Blackwell.

第4章

現代コスプレの分析
キャラクターに近づく写真画像上の身体
貝沼明華

マンガやアニメ・ゲームなどのキャラクターの装いをし，鮮やかなカラーコンタクト，くっきりとしたメイクでポーズを決めて写真を撮影する「コスプレ」が広まりをみせている。メディアでは，コスプレを行う人々（＝コスプレイヤー）が特異な人々と取り上げられることも多い。しかし，全国各地の歩行者天国や地域の新興の祭りで行われるコスプレイベントには多くのコスプレイヤーが参加しており，SNSなどを見ると学生や社会人といったごく一般的な社会的属性をもつファンがコスプレの画像をアップロードしている。

コスプレイヤーによるコスプレ
（コスプレイヤーちぇるさんより提供）

今日，多くのマンガ・アニメ・ゲームなどの作品はメディアミックスされ，受け手にさまざまな形で消費されている。コスプレも同様にキャラクターというコンテンツの消費の一つの形と考える。コスプレは生身の身体を用いた二次創作的ファン活動であり，またその姿を写真に収めキャラクターらしく加工するという次元の間を行き来する行為なのである。

1 はじめに

TwitterなどのSNS[1]やテレビ,街中のイベントなどで,キャラクターの装いをして写真撮影を楽しむ人々の姿を目にしたことはあるだろうか。「コスプレ」と呼ばれるその行為は,傍目には「なりきり」や「ごっこ遊び」にもみえる。しかし,当事者たちと交わり,話をしていると,ただ単にキャラクターと同じ格好をすることだけが目的でないことがみえてくる。

本章ではそうしたコスプレを楽しむ人々を一つの趣味集団と捉え,2013年から行っている参与観察とインタビュー調査からコスプレの実態,コスプレを行う人々の意識について分析を行った。

2 コスプレとデータベース消費

近年,年齢や性別にかかわらずマンガやアニメ・ゲームといったコンテンツを楽しむことが一般的になってきた。マンガやアニメ・ゲームといった文化を子どもの時期を過ぎてからも熱心に楽しむ「オタク」は,かつてマイナスのイメージをともなう言葉であったが[2],今は毎週月曜日にはサラリーマンも若い女性も学生も『週刊少年ジャンプ』を読むし,映画館に行けばどのシーズンもアニメ

---

1) Social Networking Service:インターネットを介して個人間のつながりを構築するサービス。趣味,職業,地域など共通点をもつ個人同士が手軽にコミュニティーを作り出すことができる。なお,TwitterをSNSに含むかに関しては,Twitter社はSNSではないとしているものの,広い観点からみてSNSの機能を有すると考え,本章ではSNSの一つとみなし論ずる。
2) 1988–1989年に起きた幼女連続殺人事件の際,犯人のビデオテープ収集の趣味が報道されたことがオタクバッシングにつながり,あまりよいイメージではなかった。

映画やマンガを原作とした実写版が上映されている。コンビニエンスストアに入ればアニメキャラクターのコラボグッズが目に入るし，電車に乗れば多くの人がスマートフォンでソーシャルゲームをプレイしている。

今日のようにオタク的なカルチャーが広まった理由の一つに「データベース消費」という考え方がある。この考えを提言した東は『動物化するポストモダン―オタクから見た日本社会』(東, 2001)，『ゲーム的リアリズムの誕生―動物化するポストモダン2』(東, 2007) において現代のオタク的な文化の消費のされ方について「大きな物語」の観点から以下のようにまとめている。

まず，「大きな物語」とはジャン＝フランソワ・リオタール (1986) によるポストモダンについての考察における概念である。18世紀末から20世紀半ばの近代国家の社会では，人々の間に理想とすべき理念・イデオロギーといった共通の思想「大きな物語」が存在したが，近代化が進むにつれ，「大きな物語」が機能不全を起こし，社会のまとまりが弱体化した結果がポストモダンであるとしている。

大塚 (2001) が『物語消費論』で指摘したように，大人気を誇った「機動戦士ガンダム」や「シルバニアファミリー」「ビックリマンシール」といった商品は背後に「大きな物語」があり，その物語の断片を商品として販売していた。消費者が購入するのはその商品が有する設定や世界観である，とする考えを「物語消費」と呼ぶ。しかし東は，1995年以降若いオタクたちは物語に対する関心が薄れ，「物語の地位低下とキャラクターの自立化」(東, 2007：40) が進んだと指摘し，「物語ではなく作品の構成要素が消費の対象となっている」(東, 2007：40) 現状を「データベース消費」と名づけた。原作とパロディがどちらも価値のあるものとして消費される現状は，社会学者ジャン・ボードリヤールの予測したオリジナルとコピーの区別がつかなくなり，中間形態の「シミュラークル」が消費される形

に類似しているという（ボードリヤール, 1992 ; 2008）。さらに今日みられるような先行作品の模倣や引用を多く含む作品や，最初から複数のメディアで作品が作られる流れ，同人作品によるイメージの再生産などによってシミュラークルが次々と作られ，消費されていく社会になったとしている（東, 2001 ; 2007）。

ここでいう二次創作とは，マンガ・アニメ・ゲーム作品などのファンが，作中のキャラクターを用いて同人誌や，同人ゲーム，イラストなどを創作することである。それらはコミックマーケット[3]や，全国各地で開催される同人誌即売会，インターネット通販で売買されたり，現在ではpixiv[4]やTwitter[5]で目にしたりすることも多い。現代のオタク的文化において，二次創作は欠かせない存在である。

コスプレも作品のファンが身体を用いてキャラクターを表現するという点において，東のいうところの一つのシミュラークル，二次創作であるといえよう。

では，次節から，コスプレイヤーの実際の行動を明らかにし，どのような形でデータベース消費として表れているのか分析する。

---

3) 東京で開催されるマンガ・アニメ・ゲームなどのファンが開催する日本最大級の同人誌即売会。2013 年冬の開催時には約 2 万 5 千人のコスプレの参加者が記録された。（コミックマーケット公式サイト「コミックマーケットとは何か？」〈http://www.comiket.co.jp/info-a/WhatIs.html（最終閲覧日：2018 年 6 月 14 日）〉）
4) ピクシブ株式会社の運営するイラストやマンガ，小説の投稿・閲覧ができる登録制のウェブサイト。SNS の一つであり，作品の閲覧数が表示されたり，作品の評価ボタンがあり，作者にメッセージを送ることもできる。（ピクシブ百科事典「pixiv とは」〈https://dic.pixiv.net/a/pixiv（最終閲覧日：2018 年 6 月 14 日）〉）
5) Twitter 社が提供する「ツイート」と呼ばれる 140 字以内（日本語の場合の規定）のメッセージを投稿することができるサービス。4 枚以内の画像や動画，URL の添付なども可能。（Twitter 公式「Twitter 活用法」〈https://help.twitter.com/ja/using-twitter#tweets（最終閲覧日：2018 年 6 月 14 日）〉）

3 コスプレの現状調査

はじめに本章で取り扱うコスプレについて定義しておく。コスプレとはcostume play の略語であり,和製英語である。マンガやアニメ・ゲームなどのキャラクターの装いをすることから,ハロウィンでの仮装,特定の職業を連想させるような装い,宴会時などの芸能人の仮装などまで,言葉の意味するところは広い。本章では,コスプレをする人々のなかでも,日本のマンガやアニメ・ゲームといった作品の世界観やキャラクターに強い親和性を有している者について論じる[6]。こうした人たちは「コスプレイヤー(通称レイヤー)」と呼ばれる。

自身の身体を用いてキャラクターに扮するコスプレは,ファンが行う二次創作で主流の同人誌やファンアートに比べて,たとえばコミックマーケットのようなさまざまなタイプのオタクが集まるイベントでもメインの扱いではなく,研究される機会も少なかった。しかし,コスプレ衣装の価格低下や写真加工の簡易化,SNS の発展により,コスプレを行う人・見る人は急速に増加している。そこで変化の渦中にある最新の「コスプレ」について参与観察・インタビュー調査を中心にまとめた。以下フィールドワークから得られた,コスプレイヤーの行動パターンについて簡単に述べておく。

コスプレイヤーは,コスプレの活動をするとき,本名ではなく「コスプレネーム(通称コスネーム)」というハンドルネームのような専用の名前を使用する。SNS といったインターネット上の場合のみならず,実際にイベントなどで対面する場合においても他者との交流はコスネームで行われる。また,コスプレした写真をアップ

---

[6] アメリカンコミックのキャラクターやディズニープリンセスなどのコスプレも存在するが,コスプレに関するルールや活動場所が異なるため,本章では取り上げないこととする。

62　第Ⅰ部　人・モノ・場所のメディアミックス

キャラクター 　コスプレ

・キャラクターと同じ衣装　・キャラクターに似たメイク
・キャラクターがしそうなポーズ　・作品を連想する背景

図4-1　コスプレの例
（左：『刀剣乱舞―ONLINE』より次郎太刀（DMM GAMES/Nitroplus）／
右：コスプレイヤー万鯉子さんより提供）

表4-1　コスプレイヤーの一般的な活動の構成要素

キャラクター選択	コスプレしたいキャラクターを決める
同行者の決定	一緒にコスプレをする仲間（コスプレイヤーとカメラマン）を決める
場所の選択	コスプレする場所（コスプレイベントや撮影スタジオなど）を決める
準　備	衣装やウィッグを作る・もしくは買う。家でメイク練習などをする
装　う	当日は場所に着いてから着替え，メイクを行う[注1]
撮　影	カメラマンによる写真撮影・自撮り[注2]をする
対面での交流	他のコスプレイヤーと交流・一緒に自撮りをする
速報性のある発信	Twitterに自撮りや感想をアップロードする
写真の選定・加工	カメラマンに撮影のデータをファイル共有システムを介し，転送してもらう。そのなかで気に入った写真に加工を施す
作品としての発信	加工処理をした画像をSNSにアップロードする。Twitterの場合は作品名やキャラクター名[注3]・被写体名とアカウント・撮影者名とアカウント・イベントやスタジオ名などを記載してアップロードする。短い詩やキャラクターを連想させる台詞，撮影の感想などを記載する
ネット上での交流	SNS上で自分や他者のコスプレ画像の対しての感想を送り合ったり，原作についての感想や，キャラクターの魅力について語り合ったりする

注1）イベントのエリアやスタジオ以外でコスプレをすることは、さまざまな観点から，各種コスプレ可能なイベント、コスプレスタジオのルールとして禁止されていることが多い。イベント会社が行うロケイベント以外に個人でロケーションの良い場所で撮影する際は，原則関係各所に許可を取ってから行われている。
注2）スマートフォンなどを用いて自分を自分自身で撮影すること。基本的にバストアップの構図が多い。友人などと複数人で写すこともある。
注3）Twitterはコスプレが苦手な人も使用していることがあるため、本文にコスプレ注意と記入したり，ファンのみがわかる隠語でキャラクターや作品名を表記し検索してもわからないようにする場合もある。

ロードしたり，コスプレイヤー同士で交流するためのSNSのアカウントを所持している。コスプレイヤーたちは，キャラクターの衣装を身につけ，ウイッグをつけるだけでなく，キャラクターらしいメイクを施し，ポーズを決めて写真撮影を行う（図4-1）。

具体的な活動内容は表4-1の通りである。

基本的に表4-1の流れである。しかし，作品を先に決めて一緒に行うキャラクターをSNSなどで募集する「併せ」と呼ばれる形式もたびたびみられる。また，近年のコスプレイベントの増加により，世界コスプレサミット[7]などの大きなイベントや，季節の花といった特別なロケーションで撮影できるイベントなど規模や場所に合わせて準備することもある。

これだけをみても数多くのプロセスを経ていることがわかる。あるコスプレイヤーは，以下のように語る。

> なんで趣味にこんなめんどくさい思いしてるんだろ。でもコスプレをしに行くと，「わーい楽しい！ 次の予定いれよ！」ってなる。たとえば……ライブだったら見るだけだけど，見に行く前にすごい時間とお金と労力がかかる趣味ですよね。でも当日は作った分だけ達成感がある。なんだかんだキャラの服着れたり，顔できたり。2次元のようなひらみ（マントなどのはためきのこと）やこのキャラにはこの花が似合うとか，個人的な解釈だったりこんな風に写真撮りたいっていうイメージが形にできたりすることが楽しい。

---

[7] 愛知県名古屋市で開催される各国から選抜されたコスプレイヤーのパフォーマンスを競うイベント。開催に合わせて名古屋の街中や県内の観光施設などが選手でないコスプレイヤーたちや一般来場者に向けても広く解放されるため，多くのファンが訪れる。（「WCSとは」⟨http://www.worldcosplaysummit.jp/about/（最終閲覧日：2018年6月13日）⟩）

この発言からはキャラクターへの強い志向性と，キャラクターに対する自身の解釈を基に身体を用いて再現することに喜びを感じていることがわかる。自身が解釈したキャラクターのイメージを写真画像で表現することがコスプレイヤーの一つの目的となっている。

4 現在までのコスプレ研究との違い

前節で述べたような一連の流れが，現在のコスプレの実態である。コスプレについての先行研究ではすでに述べたようにあまり多くはないが，田中（2009）は主にジェンダーの視点から，岡部（2014）はコスプレ・コミュニティを「DIY カルチャー」「ピア・レビュー」「互恵的学習」の観点から論じている。

先行研究と本論が異なる点は，現在のコスプレイヤーは写真撮影および撮影した写真の加工，できあがった画像のシェアに力を入れているという実態を織り込んでいる点だ。田中（2009）や岡部（2014）でも，コスプレの画像は個人のホームページやブログあるいはコスプレ専門のSNSで共有されていた実態や，パソコン上で画像編集ソフトのPhotoshopを用いてコスプレ写真を加工する技術についても言及されているが，それは一般の人々があまり使用しない技術を取り入れるコスプレイヤーの文化的特性としてまとめられていた。しかし，現在は加工とシェアについてのハードルが下がってきている。たとえば，パソコンがなくてもスマートフォンでPhotoshopのアプリが無料でダウンロードできるし[8]，また，BeautyPlusやSNOWといった基本無料で「盛れる」[9]加工アプリもさまざまな種類のものを利用できる。加工したデータは簡単に圧

---

8) 基本無料だが，課金しないと使用できない要素もある。
9) 加工することで，普段の自分より綺麗にしたり，かわいくみせたりすること。

縮され，SNS を通してさまざまな人とシェアできるようになった。

このような背景のなかでは，「コスプレをした姿」を作り上げることについての意識が変容していると考えられる。そこで次節以降では，プリクラや携帯電話の発展とともに，日本の若年層における写真に対する意識がどのように変容してきたのか，現代のコスプレについて考察する。

5 若者を取り巻く写真文化

コスプレを論じるにあたって外せない要素として写真画像が挙げられる。写真とせずに写真画像と表記するのは，コスプレイヤーはカメラマンからもらったコスプレした自分の写真に対して，ほぼ必ずといっていいほど加工を施すからである。トリミングや色の調整，作品名や台詞を付け加えるといった画面構成に関する加工はもちろん，特に重視されているのが，肌質・顔・スタイルの加工だ。

画像といえど，自身の身体に大きく手を加えることに違和感をもつ人もいるであろう。しかし，若年層を取り巻く写真文化について考えてみると，次の表 4-2 のような変遷がみられる。

これらの機器の変遷をみていると，写真は誰でも・簡単に・より

表 4-2 若者を取り巻く写真文化の変遷
(鳥原 (2016) と前川 (2016) を基に筆者作成)

1995 年	プリクラ[注] の登場（アトラス社「プリント倶楽部」）
1990 年代末	大衆的なデジタルカメラが登場
2000 年	カメラ付き携帯電話の登場（シャープ製携帯電話 J - SH04）
2000 年代後半	プリクラにデカ目機能などが搭載されるようになる
2010 年頃	スマートフォンの若年層への普及が進む プリクラがナチュラルに「盛る」ようになる

注)「プリクラ」という単語はアトラス社が商標登録しているが，俗称として広まっているため，ここでは他のメーカーの同様の商品も含めてプリクラと表記する。

かわいく，綺麗に写されることを求めて変化してきている。

また，近年のデジタル写真における特色として前川（2016）は写真を即確認したり，消去したりできるようになり，フィルムを現像していた頃と比べてコストがかからなくなったことを挙げている。このようにデジタル写真の出現により写真のシェアも容易になったことで，SNSをはじめとするインターネット上には写真が溢れかえっている。このような現状に対して前川は，メディア研究のジョセ・ファン・ダイクの文を以下のように引用し，訳している。

> 写真がコミュニケーション・メディアの経路を通じて伝えられる視覚言語になると，個々の写真の価値は減少する一方で視覚的コミュニケーション全体の意義は増大する。携帯電話を通して送られる無数の写真は今や，「見て！」というたった一語の価値を持つのである。（前川, 2016：15-16)

これは，現代の写真が，特にネットを介して，多くの他者に見てもらうことを前提としていることを端的に表した文である。先述したプリクラや自撮りも，友人同士でシェアしたり，SNSのアイコンとして使用されたりすることが多い。

まとめると，現在の写真は，選別され何らかの加工が施されたものがほとんどであり，他者に見てもらう，コミュニケーションの一つとして作用しているのである。

それでは次に，このような他者に見てもらうことをメッセージとして含むインターネット上の写真文化において，コスプレイヤーの写真画像に対する意識はどのようなものなのであろうか，次節で述べる。

6 キャラクター解釈による表現を目的とした加工

コスプレイヤー自身は画像加工とシェアについてどのように捉えているのだろうか。10代から30代の15名（女性11名，男性4名）のコスプレイヤーに半構造化インタビュー調査を行った。結果は，15名中15名全員が主に使用するSNSとしてTwitterを挙げており，1日あたり最短で30分，最長で8時間，平均約3.8時間の使用がみられた[10]。また，写真加工については，写真加工を全く行わない者は調査対象者のうち男性1名のみであり，後の14名はインターネット上にアップロードする写真には何らかの加工を加えていることがわかった。

ではなぜ加工を行うのか。匿名性を考慮し名前を伏せたうえで，以下コスプレイヤーの発言を引用する。

> A：加工することに罪悪感とかないですね。顎小さすぎで，口でかすぎとかは気をつけますけど。<u>キャラっぽくなるのが到達点。少しでもキャラに近づけたら。</u>自分のパーツで好きじゃないところを直すのは現実逃避としてあるけど（笑）。
> B：加工…んーあんまり抵抗ないです。［他人と映っているときに］自分だけ二重顎とか…醜態をさらしたくない。<u>完成するのは写真…絵みたいなもので。</u>写真の見栄えが良くなるなら抵抗はないです。（貝沼, 2017：43）（［　］内補足，下線部は筆者による）

これらの発言から，いかにキャラクターに近づくことができるか，ということが重要視されていることがわかる。

コスプレを好む者以外にはわかりにくいかもしれないが，同一キ

---

[10] 2016年8月から2018年1月にかけて調査。

68　第 I 部　人・モノ・場所のメディアミックス

図 4-2　同一キャラクターにおけるコスプレの表現の違い
(上：『刀剣乱舞―ONLINE』より鶴丸国永（DMM GAMES/Nitroplus）／左下：コスプレイヤー マヒオさんより提供／右下：コスプレイヤー わだちさんより提供)

ャラクターであっても、メイクや背景の解釈に差異が出るため、複数の解釈のコスプレが並存する。図 4-2 の基となるキャラクターは刀を擬人化したゲーム、『刀剣乱舞―ONLINE』（DMM GAMES/Nitroplus）の鶴丸国永というキャラクターだ。ゲーム内では「今日はどんな驚きが待ち受けているかな？」などの台詞が実装されており、儚げな外見とは裏腹にひょうきんな一面をもつキャラクターである。ゲームでは本丸と呼ばれる日本家屋風の建物内から、敵と戦うため各戦闘場所に出陣する。本丸の庭の景観を季節に合わせたものに交換することもできる。

　このキャラクターを基に、コスプレイヤーがどのようにデータベース消費を行うのか、実際の写真画像で考えてみる。左側のコスプレイヤーは本丸をイメージした建物で、キャラクターの不敵な笑み

を表現している。一方右側のコスプレイヤーは，何回も同キャラクターのコスプレをしていて，原作の儚い外見を意識してアイラインの強すぎないメイクをするようにしていると述べており，本丸の外をイメージした自然のなかで詩的な世界を表現している。このように同一のキャラクターであってもさまざまなシミュラークルが並立しているのである。

コスプレの写真加工はそのコスプレイヤーがデータベースに基づいて解釈したキャラクター像に近づくことを目的として行われており，他者に見てもらう加工済みの完成画像が完成形であると認識されている。また，同一のデータベースが基であっても解釈によって差が出るため，さまざまなコスプレイヤーの表現が出てくる。この現象もまたメイクや加工，ロケーションの選択肢が増えてきた現代のコスプレの特徴である。

7 SNS上の他者評価

最後に，Twitter にアップロードすることを前提としているコスプレの写真画像における他者の評価について当事者たちはどのように捉えているのかを検証する。

Twitter には「いいね」を表すボタンの「ふぁぼ」と呼ばれる機能と，他者にもその投稿を共有する「RT（リツイート）」と呼ばれる拡散機能がある。二つの機能はコスプレイヤーたちにとってある種の尺度となっていることが調査から判明した。コスプレイヤーの証言から大きく分けて以下の3タイプに分けられる。

一つめはふぁぼとRTは評価の尺度であると考えているタイプである。

> C：ふぁぼ，RTがほしい。うん，（コスプレ界隈で）有名になりたい，そのくらいの気持ちがないとやる気でん！（貝沼，2018：17）

> D：RTとか反応来るとうれしい。けど数で見えちゃうから，同じキャラで（反応の多い人や有名な人と）見ちゃうと比べてしまう。ふぁぼの数でレイヤーの価値を見る人もいるから。数字として見えるとつらい。いや〜格差が生まれてしまうわけですよ（笑）心では自分で撮りたいのを撮るんだけど。（貝沼2018年4月の追調査による）

二つめは，ふぁぼやRTはコミュニケーションだと捉えているタイプだ。

> E：ふぁぼ，RTがほしくてやっているわけではないです。でも，見ていてくれる人がいると嬉しい。見ていてくれる，忘れてない，コミュニケーションだと思っています。特に友達からくると嬉しい。（貝沼，2018：17-18）

> F：私も（一日の大半を）仕事してるからさー，Twitterで会話できない子でも，ふぁぼがくると，あぁ，この子つながっているんだなって実感する。（貝沼，2018：18）

最後三つめは，ふぁぼやRTを気にしておらず，特別な意味づけもしていないタイプである。

> A：うーん？　もらえたらありがとうございますって感じ。感想ももらえたら嬉しい。（貝沼2018年4月の追調査による）

以上のように「見て！」というメッセージを含んで作り出される写真画像だが，Twitterという流れの早いSNSにおいては①自己主張・承認欲求を満たすというタイプ，②コミュニケーションとして捉えるタイプ，③特に目的をもたずアップロードしているタイプの三つに分かれた。しかし，当事者の言葉をみていると，さまざまな感情が混ざり合っていることがわかる。承認欲求と自己満足，その狭間でゆれているのは，コスプレイヤーたちがアップロードしているのが，理想のキャラクターの姿でもあり，また自分自身の姿でもあるからなのだ。

8 まとめ

　現代日本において，コスプレは以前より広く受け入れられるようになった。この現象の背後にはキャラクターを解釈するにあたって，その特徴をデータベース消費する流れが見受けられた。また，衣装などが手軽に手に入る現在になっても，コスプレイヤーたちはさまざまな工程を経てコスプレを行っている。そのため，同一キャラクターの姿をしても構図やポーズ，メイクや表情といった部分に差が生じる。よってシミュラークルとして複数のコスプレが並存するのである。

　現代のコスプレの特徴として特にデジタル上で加工し，自身が解釈するキャラクターに近づけることに注力するという点がある。さらにSNS上にコスプレ画像を公開することでモチベーションや承認欲求を満たしていたり，他者とのコミュニケーションを行っていることが明らかになった。

　コスプレを取り巻く環境は目まぐるしく変化しており，それにともないコスプレイヤーの意識も変わっていくであろう。創造と工夫，熱意に富むコスプレイヤーの世界をオタク的な文化の一面を映す現

象と捉え今後も注目していきたい。

> ●ディスカッションのために
> 1 コスプレイヤーたちはどのように写真画像と SNS を用いているのか，本章の言葉を用いて説明してみよう。
> 2 普段 SNS に写真や写真を加工した画像をアップロードするだろうか。する場合はどのような意図でアップロードしているのか振り返って考えてみよう。またしない場合は，なぜしないのか考えてみよう。
> 3 周囲の人に 2 で考えた説明を共有してみよう。本章でふれられているコスプレイヤーたちの SNS の利用法との共通点や違いについても考えてみよう。

●引用・参考文献

東　浩紀（2001）．『動物化するポストモダン―オタクから見た日本社会』講談社

東　浩紀（2007）．『ゲーム的リアリズムの誕生―動物化するポストモダン 2』講談社

伊藤　剛（2005）．『テヅカ・イズ・デッド―ひらかれたマンガ表現論へ』NTT 出版

宇野常寛（2013）．『日本文化の論点』筑摩書房

大塚英志（1989）．『物語消費論―「ビックリマン」の神話学』新曜社

大塚英志（2001）．『定本 物語消費論』角川書店

岡部大介（2014）．「コスプレイヤーの学び―文化的実践のコスプレはいかに達成されるか」宮台真司［監修］／辻　泉・岡部大介・伊藤瑞子［編］『オタク的想像力のリミット―「歴史・空間・交流」から問う』筑摩書房，pp.371-404.

貝沼明華（2017）．「コスプレの意味世界―写真をめぐるコミュニケーションの分析」『金城学院大学大学院文学研究科論集』23, 46-18.

貝沼明華（2018）．「コスプレイヤーの祝祭と日常―リアルな場とインターネット上の意味の考察」『金城学院大学大学院文学研究科論集』24, 84-61.

田中東子（2009）．「コスプレという文化―消費でもあり生産でもあり」成実弘至［編］『コスプレする社会―サブカルチャーの身体文化』せりか書房，pp.24-55.

鳥原　学（2016）．『写真のなかの「わたし」―ポートレイトの歴史を読む』筑摩書房
前川　修（2016）．「デジタル写真の現在」『美学芸術学論集』*12*, 6-33.
ボードリヤール, J.／今村仁司・塚原　史［訳］（1992）．『象徴交換と死』筑摩書房（Baudrillard, J. (1976). *L'échange symbolique et la mort*. Paris: Gallimard.）
ボードリヤール, J.／竹原あき子［訳］（2008）．『シミュラークルとシミュレーション』法政大学出版局（Baudrillard, J. (1981). *Simulacres et simulation*. Paris: Galilée.）
吉光正絵・池田太臣・西原麻里［編著］（2017）．『ポスト「カワイイ」の文化社会学―女子たちの「新たな楽しみ」を探る』ミネルヴァ書房
リオタール, J.-F.／小林康夫［訳］（1986）．『ポストモダンの条件―知・社会・言語ゲーム』書肆風の薔薇（Lyotard, J.-F. (1979). *La condition postmoderne: Rapport sur le savoir*. Paris: Éditions de Minuit.）

第Ⅱ部　人・モノ・場所のメディア史

第5章　「ポストメディア」の考古学
　　　　ミニFMをめぐる思想と実践を手がかりに

第6章　求人メディア利用の変化から
　　　　「人＝メディア」を考える
　　　　新規大卒就職を例に

第7章　着こなしの手本を示す
　　　　読者モデルからインフルエンサーへ

第II部「人・モノ・場所のメディア史」には，情報メディアからポスト情報メディアへの，歴史的な持続と変容を描いた三つの章が収められている。

　第5章「「ポストメディア」の考古学」（飯田 豊）では，さまざまなメディアが融合するインターネット社会における「ポストメディア」論の可能性が問われている。マクルーハン理論やCSを踏まえてメディア論が成立した1980年代には，自由ラジオを中核としたアウトノミア運動があり，そのなかでポストメディアの概念が打ち出された。筆者は，こうしたポストメディアをめぐる理論と運動をメディア考古学の対象とすることによって，メディア論的思考に覚醒した人の主体性や，具体的なモノと場所に立脚した身体的経験を捉える見方を掘り起こしている。こうした視角は，デジタルメディア時代で新たに重要な意味を帯びるだろう。

　第6章「求人メディア利用の変化から「人＝メディア」を考える」（妹尾麻美）は，大学生の就職活動と密接に関係するメディアの歴史的変化が記述される。「求人広告」というメディアが登場したのは1960年代であり，当初は冊子とはがきといった紙媒体が用いられていた。その後，インターネットが本格的に普及した1990年代後半からは，就職ナビサイトが急速に広がっていく。そこでは，情報伝達の速さと情報量の増大が生じており，就職活動の長期化・早期化の一因にもなっている。だが，こうした時代でも，人的媒体の重要性は残り続けており，メディアとしての「人」は今でも一定程度の役割を果たしているという。

　第7章「着こなしの手本を示す」（藤嶋陽子）には，ソーシャルメディア上で存在感を増すインフルエンサーが，ファッションメディアの変容のなかに位置づけられる。1970年代のファッション誌では理想を読者に伝える役割として雑誌専属モデルが登場したが，次第にその役割を有名読者が担うようになった。こうした「読者モデル」は2000年代には爆発的に数を増やした。その歴史的前提のうえに，2010年代のソーシャルメディアの普及とファストファッションの隆盛が合わさって，「インフルエンサー」という存在が形成された。ファッション業界による幻影と現実的な生活の間を媒介する存在としての読者モデルからインフルエンサーへの流れは，ファッションにおいて，メディアとしての「人」の果たす役割の大きさを示すものでもあるだろう。

第5章

「ポストメディア」の考古学
ミニFMをめぐる思想と実践を手がかりに

飯田 豊

2018年現在，若年層に支持されているストリーミング配信サービスの一つに，「仮想ライブ空間」を謳う「SHOWROOM」がある。今では誰でも生配信を行うことが可能だが，当初はアイドルを中心とした配信で構成されていた。2016年からはAKB48選抜総選挙ともタイアップしていて，テレビが培ってきたリア

SHOWROOM*

リティ番組との親和性が高い。その一方，動画であっても視聴者を「リスナー」と呼ぶことが定着しているのは，元来ラジオが培ってきた双方向的な番組文化を継承しているからに他ならない。

新しい技術のなかにはこうして，古いメディアの特性が必ず組み込まれている。マーシャル・マクルーハンは1960年代，人間はバックミラー越しに現在を見て，未来に向かって後ろ向きに進んでいると言った（マクルーハン・フィオーレ, 2015）。

しかし，さまざまなメディアがインターネットを介して融合し，スマートフォンのアプリとして横並びになっているなかで，このような理解の仕方は，はたしていつまで通用するのだろうか。

*https://www.showroom-live.com/（最終閲覧日：2018年7月24日）

1 はじめに：ミニFMのかすかな再生(リバイバル)

2017年に公開されたアニメーション映画『きみの声をとどけたい』（日本，監督：伊藤尚往）は，海の見える町（湘南をモデルにした架空の町）に住む女子高生たちが，誰も使っていないミニFMラジオ局を再生させるために奮闘する物語である[1]。ミニFMというのは，電波法が定める微弱電波の範囲内で，誰にも断りを入れることなく無許可で開設できるもので，その可聴範囲は100mに満たない程度である。平たくいえば，ワイヤレスマイクの原理を放送に転用したものだ。この映画では，12年前に廃業した喫茶店に併設されていたラジオ局という設定だったが，実際に日本でミニFMが流行したのは1980年代のことだった。

現在から振り返れば，ネットのストリーミング配信——Ustream, YouTube Live, TwitCasting, ニコニコ生放送などが代表的なプラットフォーム——で行われる「雑談放送」の雰囲気にも似ているせいか，2000年代半ば以降，ミニFMを実際に開設する動きも起こっている。たとえば，2007年に放送されたテレビアニメ『らき☆すた』が埼玉県鷲宮町（現・久喜市）の鷲宮神社を描いたことで，いわゆるアニメ聖地巡礼の火付け役となったが，2010年にはミニFM局「ラジオ鷲宮」が開局している。

また，ラジオ・アーティストの毛原大樹は2005年頃から，微弱電波を用いた表現活動に取り組んでいる。全国各地の商店街やミュージアムなどを舞台に，微弱電波を用いたラジオやテレビの放送を実験的に行うことで，地域の人々が集まり，交流や協働を促す場のデザインを仕掛けている。

---

1) 1991年に公開された映画『波の数だけ抱きしめて』（日本，監督：馬場康夫）も湘南のミニFM局を舞台としており，当時の若者の感性に適合した新しいラジオ文化として描かれている（坂田, 2009：188-191）。

商業的な動きとしては、飲食店を中心に事業展開する会社が、ミニFMのラジオブースがカフェやイベントスペースと一体化した複合施設を運営している事例がある。番組はネットでも聴取できるが、ラジオ局を核とした集いの場が設計されていることに特徴がある。

インターネットと携帯端末が普及した現在、われわれはいつでもどこでも、世界中に向けて情報を発信することができる。それにもかかわらず、ミニFMという過去の——しかも、場所が極めて限定された——実践に、どうして再び共感が集まっているのだろうか。

このささやかな問いを出発点として、本章では、「ポストメディア社会」とも呼ばれる今日的状況を見通すための補助線を引いてみたい[2]。

2 ミニFMとは何だったのか

『POPEYE』1979年7月25日発刊号は「ぼくたちの放送局」という特集を組み、5万円で実現できる「100m放送局」の魅力や具体的なノウハウを紹介している。当時は現在よりも規制が緩く、数百mの範囲で電波を飛ばすことができた。法律で認められた私設放送局であることが強調されている反面、違法な出力の海賊放送についても紹介されている。

批評家の粉川哲夫は同じ頃、海賊放送の流れを汲み、イタリアで新しい社会運動（＝アウトノミア運動）と結びついた「自由ラジオ」の思想と実践を、精力的に紹介していた（粉川, 1983）。自由ラジオとは、国に独占された電波の市民解放を目指した運動だったが、日本のミニFMはそうした政治性とは一線を画して、都市的な若者文化として広く認知されていった[3]。『STUDIO VOICE』1983年10月号の特集では、

---

2) ただし本章では、ロザリンド・クラウスが提唱している、芸術表現における「ポストメディウム」概念（Krauss, 2000）については扱わない。

自由ラジオが「反マスコミ派」，ミニFMが「遊び派」と大別されている。

後者の象徴的存在だったのが，1982年に開局した東京・青山の「KIDS」だった。新人バンドのプロデュースなどが注目を集め，ビジネス志向のミニFM局として新聞や雑誌などで大きく取り上げられ，大学生を中心とする開局ブームをもたらした。70-80年代，個性的なFM放送局が少しずつ開局する一方，カセットテープレコーダーのような機器を個人で容易に所有できるようになったことが，ミニFMの流行の背景にあった。

1986年に刊行された『ミニFM全国マップ』には，大学のサークルが母体の局から宗教団体が運営する局まで，計128局のミニFM局が紹介されている（亜紀書房編集部, 1986）。すでに全盛期を過ぎていた頃だが，誰にも断りを入れることなく無許可で開設できるものなので，これをはるかに上回る数の局が存在していただろう。和田敬によれば，関西地域だけで当時，少なくとも165局のミニFMが存在していたという（和田, 2011）。

マスメディアに媒介された消費文化が爛熟していた一方，インターネットが登場する直前という過渡期だったことを踏まえると，ミニFMには興味深い特徴がある。一部のミニFM局は，小さな出力をカバーするために，相互に「ネット（他局の電波を再送信）」や「リンク（他局との双方向中継）」を行い，独自の横断的なネットワークを形成していた。中心と周縁という上下関係をもたない，インターネットの概念に近い発想だったといえよう。送り手と受け手が顔を合わせるイベント（オフ会）が開催されることもあり，開かれたコミュニティが形成されるきっかけになった。

しかし結局，その流行は終始マスメディアによって主導され，濃

---

3) 海賊放送については原崎（1995），日本のミニFMについては坂田（2009），和田（2011；2017）などに詳しい。

密な人間関係に支えられた一部の人気局を除くと、わずか数年で衰退した。粉川は1992年、武邑光裕、上野俊哉、今福龍太とともに、『ポスト・メディア論』という本を著している[4]。このなかで粉川が、放送の展望について次のように述べているのは、自由ラジオ（=理想）とミニFM（=現実）との差異を含意しているように読める。

> 技術の性格からすると、電子メディアは、活字メディアよりも、使用者（ユーザー）本位の機能を発揮しやすいのであり、テレビやラジオが、一方的に情報を「散布（キャスト）」するのは、柄に似合わないのである。
> 新しい放送メディアは、衛星にしてもケーブルにしても、双方向メディアであり、技術的に、「受け手」が直ちに「送り手」になることが極めて容易であるようなメディアである。
> だが、このことは、視聴者が放送局のマネごとをすればよいということではない。重要なのは、視聴者と放送局との関係を根底から変えることなのだ。（粉川他, 1992 : 27）

実のところ、書名に掲げられている「ポスト・メディア」という概念の成り立ちは、自由ラジオ運動の展開と深く関わっている。そこで以下では、その思想と実践の地層を掘り起こしてみたい。

3 「ポストメディア」の地層

カナダ出身の英文学者で文芸批評家のマーシャル・マクルーハンは、何らかの技術的手段によって人間の身体能力を拡張するもの、そのすべてをメディアと捉えた（マクルーハン, 1987）。1960年代に

---

[4] 初出は共同通信社の配信記事であり、1990年11月から91年9月まで「メディアの現在」というタイトルで連載された。

世界的な注目を集め，各国の放送業界や広告業界などを巻き込んで一世を風靡したが，そのブームはわずか数年で終息した。

ところが，「ニューメディア」や「マルチメディア」に基づく高度情報化社会の到来が謳われた1980年代半ば以降，マクルーハンのメディア理解が，もっぱらマスメディアを分析の対象としてきたマス・コミュニケーション研究の限界を克服するものとして，再評価されることになる。日本で「メディア論」といえば，マクルーハンが提示した視座を「再発見」した学問として理解されることが多い。

東浩紀は1997年から2000年の間に著した『サイバースペースはなぜそう呼ばれるか』のなかで，マクルーハンの独創性は，電子メディアの速度が現実空間の広がりを縮小すると主張した点にあるのではなく，メディアそれ自体を「空間」や「場」として捉えた点にこそあると指摘した（東, 2011）。この空間的隠喩に基づくメディア理解は，80年代半ば以降，物理的には存在しない「サイバースペース」という語の流通によって，ますます強化された。ただし厳密にいえば，この隠喩はマクルーハンが単独で採用したものではなく，彼の言説は60-70年代に世界各地で生じた動向と共振していた。その一例として東は，イタリアの自由ラジオ運動にも言及している。これはメディアに新たな公共空間(パブリック・スペース)を見出す発想に下支えされていたという（東, 2011：9-13）。

「メディア論」をひとまずこのように理解したうえで，それでは「ポストメディア」と呼ばれる着想は，いったい何をどのように乗り越えようとしてきたのだろうか。以下では二つの異なる指向性を素描しておきたい。

✣「ポストメディア」の更新(アップデート)：
ポスト・マスメディアからデジタルメディアへ

自由ラジオを中核としたアウトノミア運動の理論的支柱の一人が，

フランスの哲学者で精神科医のフェリックス・ガタリである。ネットワークという概念[5]に立脚したガタリの政治的提案は，国家によるマスメディア独占を克服しようとした自由ラジオにとって，重要な参照点となった。イタリアの自由ラジオ運動はフランスにも波及し，ガタリ自身，ラジオ技術者の息子とともに活動に参加していた。イタリアの活動家たちと絶えず交流しながら，ガタリはマスメディアの希少性を批判し，自由ラジオを理論化することを目指した。ガタリは1980年，粉川によるインタビューのなかで次のように発言している。

> わたしたちの関心は，単に自由ラジオの公認された大きな局を作ることだけではなくて，ラジオがテレビやテレコミュニケイションのような別のメディアとともに，人々が自分自身のための新しいタイプの表現手段として自由に使えるものにすることです。[略]ラジオの技術的な変革，つまり送信手段がひじょうに小さくなったことは，たとえば謄写複写機やオフセットや電子複写機などの複製手段の進化にくらべることができます。その際，われわれがこうした手段を利用できる自由を厳しく要求することは，絶対に正当なことです。(粉川, 1983：174, 傍点は引用者)

---

[5] 文化を軸にした「自律自治」を意味するアウトノミア運動は，「リゾーム的思考」として知られるフランスの哲学思想から強い影響を受けている。この運動のなかで自由ラジオを運営していたフランコ・ベラルディ（ビフォ）は後年，次のように回顧している。「グァタリ（ガタリ：引用者注）の政治的提案はネットワークという概念に立脚したものです。リゾーム状であってヒエラルキー的に形式化されたものではなく，しかしなお，状況が求めればいつでも機能し始めるもの，それがネットワークなのです」（ベラルディ, 2010：333）。

そしてガタリは1989年,「ポストメディア」という概念を提唱している[6]。「メディアを再特異化の道にひきこんでいくことのできる多数の主体集団がメディアをあらためてわがものにする」ことを目指し,「・メ・デ・ィ・ア・の・技・術・革・新,わけても極小化,コストの削減などによって,非資本主義的な目的への使用の可能性」(ガタリ,2008：60-61,傍点は引用者)を展望するガタリの指摘は,自由ラジオに対する関心から一貫していることがわかる。

伊藤守や毛利嘉孝は近年,ガタリのポストメディア概念を踏まえて,その構想と分析の視座をデジタルメディア環境に継承している(伊藤,2017；毛利,2017)。ガタリが展望した「メディアの技術革新」にともなう変化の芽は,インターネットや携帯端末に結実したが,彼の期待とは裏腹に,GoogleやAmazon,TwitterやFacebookなど,世界有数の多国籍メディア企業によって寡占的に運営されるプラットフォームに支えられている。情報技術の革新は「グローバル化した資本の増殖過程に取り込まれ,内部化され,新たな統合と制御のメカニズムとして組織されてしまったのではないか」(伊藤,2017：14)。そこで伊藤は,これを「ポストメディア社会」の現勢態（＝実現された事態）と捉え直したうえで,その潜勢態（＝現勢態が生成される過程に潜在している事態）との関係に注意を向ける。

上野俊哉もまた,ガタリのポストメディア概念の意義を,次のように捉え直している。

> ネットにおけるストリーミングの浸透によって彼（ガタリのこと：引用者注）の自由ラジオに寄せる期待はもはや夢と潰えた

---

[6] 門林岳史によれば,「少なくとも私が追跡できたかぎりでは,ガタリはポストメディア／ポストメディウム概念を初めて案出した人物である」(門林,2014：15)。

> ように思われるかもしれない。だが逆に，こうした新しいテクノロジーが古い旧来の因襲的な様式で使われていることにももっと注意を向けるべきだろう。[略]「ポストメディア」とはガタリにとって，新しいメディア技術のことでも，メディアの終わりを示す事態でもない。むしろ，それはメディアによって開かれた新しい環境と主体のあり方を示唆する何かであったように思われる。(上野, 2016：38-39)

ただし，1990年頃にガタリが想定していた（ポスト）メディアのあり方と，現在のデジタルメディア環境との間には，決定的な差異が存在することも付け加えておかなければならない。レフ・マノヴィッチは後者の特徴を「メタメディウム」と呼び，シミュレーション技術としてのソフトウェアに着目している（Manovich, 2013）。個々のメディアが非物質化し，ソフトウェアとして横並びになることによって，それぞれの根源的差異は消滅する。門林岳史は，われわれが情報技術のうちに自らの身体を浸し，その意識が生身の肉体から脱身体化していくなかで，極限的には媒介作用の痕跡が抹消され，マクルーハン的なメディア概念が自己消去に向かうとして[7]，これを「ポストメディアの条件」と位置づけている。

---

7) 門林によれば，すでにマスメディアが「透明に」機能していた時代に，マクルーハンは「メディウム」の古い意味――何か中間にあって媒介するもの――を取り戻し，それを不明瞭で曖昧な概念に仕立て上げることで，マスメディアの媒介作用のうちに存在する「不透明性」を強調した。その潜在的な可能性がいずれ使い果たされ，すべてを包括する全面的な媒介作用のうちに消尽していくという予見を，門林は，1980年代に現れたジャン・ボードリヤール，ポール・ヴィリリオ，フリードリヒ・キットラーの議論のなかに見出している（門林, 2015）。

❖ 〈非 - 場所〉から〈場所〉のメディア論へ

 ところで,ガタリの思想や実践が粉川哲夫と共鳴していたことは,二人の交流からみても明らかである。もっとも,欧州と日本では事情が異なっていたことには注意しておきたい。粉川は 80 年代初頭,イタリアやフランスよりも規模は格段に小さいが,微弱電波を用いた合法的な自由ラジオのあり方を模索していた。欧州のように,個人が出力の大きい電波を飛ばすことは不可能だが,裏を返せば,微弱電波であればどこでも自由に出せるのが日本の特徴であり,その独特の面白さに初めて気づいたという。「いままで電波というのは遠くにだすのが目的だった。ところがこのミニ・ラジオは逆に人をひきよせる媒体なんだ」と粉川は指摘する (粉川, 1983：162)。

> マス・メディアの機能は,普通,情報の伝達にあると考えられている。それは,できるだけ多くの人々にできるだけ大量の(そして"ニュー・メディア時代"にはできるだけ多様な) 情報を伝達できればよいとされる。しかし,メディアのもっと積極的な機能は,そうした伝達手段ではなく,むしろ媒介——それを共有している人々に横の関係をつけること——であって,マス・メディアはこの面をあえて無視している。(粉川, 1983：16)

 マスメディアとしての放送は,常に受信と送信の立場が固定的で,送信する側に立つのは難しいのに対して,受信は極めて容易である。限定された範囲内で手軽に放送できる自由ラジオやミニFMは,放送されている現場に近づかなければ聴取できないのだから,その関係性が完全に逆転している。

 こうして粉川の関心は,電波に媒介された公共空間のあり方に加えて,電子技術に媒介された都市空間の考察に向かう (粉川, 1987)。粉川らが1992年に著した『ポスト・メディア論』は,ガタリの概

念を踏襲しているというよりも，1989年のベルリンの壁崩壊や天安門事件，1990年の湾岸戦争，1991年のソ連崩壊といった出来事のなかで，映像に媒介された電子的なリアリティがせり出してきた反面，身体的なリアリティが二次的なものになっていることに対する問題意識が強く表れている。粉川は，メディアの語源に「開かれた街路」という意味があること，交通がコミュニケーションの媒介であることなどに触れ，メディア論と都市論との不可分な関係に注視する（粉川他, 1992）。脱身体化するマスメディアのリアリティに対して，身体性を取り戻す試みとして「ポストメディア」を位置づけていたともいえるだろう。

同じ頃，若手社会学者の吉見俊哉や若林幹夫もまた，メディア論と都市論を横断した研究に取り組んでいる。

> 電子メディアの出現は，人間や組織が特定の場所を占めることの意味を低減させた。［略］にもかかわらず——あるいはまた，「それゆえに」と言うべきか——，マクルーハンの予想に反して，今日の世界で，ある種の都市が交通や通信の回路の集積地として，そして交換とコミュニケーションが集中的になされる場所としてもつ重要性は，むしろ高まっている。（若林, 1990 : 4）

確かに情報化の波は当時，個人の私的空間に大きな恩恵を与えるというよりも，まずは都市空間を再編成していく力学として捉えられていた（飯田, 2017）。インターネットが家庭に普及し，「サイバースペース」という空間的隠喩が定着するにつれて，このような視座はいったん停滞する。

しかしながら，われわれは現在，都市に遍在するスクリーンから，手のひらのうえのスマートフォンまで，さまざまな情報メディアに取り囲まれた日常生活を送るようになった。ソーシャルメディアが

普及して以降のインターネットにおいては，純粋に仮想空間に閉じた人間関係（＝仮想現実）は成り立ちにくく，ネットは現実のコミュニケーションを拡張する方向（＝拡張現実）に作用している。その結果，現実空間と切り離されたメディア経験ではなく，情報メディアが多重的に媒介する生(ライヴ)の体験にこそ，大きな価値が見出されるようになった（飯田・立石, 2017）。

4 おわりに

　技術に対する手触りの感覚をともなうことなど，ミニFMと多くの共通点を有しているのが，個人もしくは小さなグループによる自主的な出版物を意味するZINE(ジン)である。その歴史は遅くとも20世紀前半にまで遡ることができるが，1980-90年代，手軽に利用できるコピー機，そしてMacintoshを用いたDTP（Desktop Publishing）が普及したことで，世界各地で大いに発展した。

　日本では60年代，マス・コミュニケーションの対義語として「ミニコミ」という言葉が広がり，70-80年代に多様な自主出版物（＝ミニコミ誌）が流通した。もっとも，ミニコミという概念には本来，本章で焦点をあてた海賊放送やミニFMなどの実践も含まれていた。野中モモは，日本ではZINEがアーティストブックのような洒落たものとして捉えられがちで，ミニコミの伝統あるいは漫画同人誌などの文化と乖離している現状を批判している。「社会の周縁にある，持たざる者の声を伝えるメディアとしてのZINEの歴史は，どうやら日本にはあまり伝わっていないようだ」（ばるぼら・野中, 2017：3）。この傾向もまた，自由ラジオと一線を画して流行した日本のミニFMと通底している。

　そして2000年代，世界中でZINEの再生(リバイバル)が起こった。インターネットが当たり前になったからこそ，90年代とはまた違った形で，

小規模印刷物(リトルプレス)の魅力が新たに発見されたのである。「モノとして完結すること,届くまでに時間がかかること,広がりすぎないこと。21世紀の情報環境の下,こうしたZINEの特徴はすべて別の意味合いをまとうようになる」(ばるぼら・野中,2017:3)。

　本章の論点に即していえば,ミニFMやZINEなどの実践において共通しているのは,第一に元来,マスメディアというシステムの希少性を創造的に批評する,メディア論的思考に覚醒した個人による主体的な営みだったという点である。マスメディアとしての放送や出版は,常に送り手と受け手の関係が固定的で,それぞれの立場が乖離しているのに対して,こうした実践は互いの距離が(比喩ではなく)極めて近い。

　かつて自由ラジオを論じたガタリが,複写機の進化を引き合いに出していたことを思い出しておこう。ガタリは当時,「主観性の再特異化や政治的・経済的民主主義の新しい考え方と連動するマスメディアの再構成——その利用方法の集団的な再獲得——を構想する」ための社会的実験がネットワーク的に結びつくことに期待をかけ(ガタリ,2008:100),これをポストメディア社会の特徴として肯定的に位置づけた。

　そして第二に,デジタルメディアの時代においては,具体的な〈モノ〉と〈場所〉に立脚した身体的経験を取り戻そうとする手づくりのメディア実践として,これらが新しい意味合いを帯びているという点である。現在,ガタリの展望したポストメディア社会とは遠く離れて,インターネットでは寡占的なプラットフォームのメカニズムが複雑化し,非物質的なシミュレーション技術が不可視的に肥大化している。門林が指摘するように,「メディアという概念は,それがいまだ媒介されるべき独立した地位を確保された主体なるものを喚起しているように思われるという点においては,私たちが絶えず技術のうちに身体化しつつ脱身体化する時代の幕開けにおける,

自律的主体の最後の抵抗にも見えてこないだろうか」(門林, 2015: 152-153)。

このような視角を踏まえながら，ガタリが期待をかけたような自律自治的なメディア実践の伝統が，インターネットによって潰えることなく命脈を保っていることの意味を，いましばらく前向きに考えてみたい。

●**ディスカッションのために**
1 ミニ FM や ZINE などの実践に共通しているものは何か，本章の言葉を用いて説明してみよう。
2 ZINE やミニ FM などをもし実践するとしたら，どんなことをやってみたいだろうか。アイデアを書き出してみよう。
3 2で浮かんだアイデアを周囲の人と共有してみよう。

●**引用・参考文献**

亜紀書房編集部［編］(1986).『ミニ FM 全国マップ―ボクらの街のボクらのラジオ』亜紀書房
東　浩紀 (2011).『サイバースペースはなぜそう呼ばれるか＋―東浩紀アーカイブス2』河出書房新社
飯田　豊 (2017).「インターネット前夜―情報化の〈触媒〉としての都市」大澤　聡［編著］『1990年代論』河出書房新社, pp.143-155.
飯田　豊・立石祥子［編著］(2017).『現代メディア・イベント論―パブリック・ビューイングからゲーム実況まで』勁草書房
伊藤　守 (2017).『情動の社会学―ポストメディア時代における「ミクロ知覚」の探求』青土社
上野俊哉 (2016).『四つのエコロジー―フェリックス・ガタリの思考』河出書房新社
ガタリ, F.／杉村昌昭［訳］(2008).『三つのエコロジー』平凡社 (Guattari, F. (1989). *Les trois écologies*. Paris: Galilée.)
門林岳史 (2014).「メディウムのかなたへ―序にかえて」『表象』*8*, 12-17.
門林岳史 (2015).「メディアの消滅―1980年代のメディア理論に見るマク

ルーハンの影」石田英敬・吉見俊哉・フェザーストーン, M. ［編］『メディア表象』東京大学出版会, pp.133–155.

粉川哲夫［編］（1983）．『これが「自由ラジオ」だ』晶文社

粉川哲夫（1987）．『スペースを生きる思想』筑摩書房

粉川哲夫・武邑光裕・上野俊哉・今福龍太（1992）．『ポスト・メディア論』洋泉社

坂田謙司（2009）．「メディア遊びとミニFM—マイナーメディアの文化論」高井昌吏・谷本奈穂［編］『メディア文化を社会学する—歴史・ジェンダー・ナショナリティ』世界思想社, pp.188–224.

原崎惠三（1995）．『海賊放送の遺産』近代文芸社

ばるぼら・野中モモ（2017）．『日本のZINEについて知ってることすべて—同人誌，ミニコミ，リトルプレス—自主制作出版史 1960–2010 年代』誠文堂新光社

ベラルディ, F. ／廣瀬 純・北川眞也［訳・解説］（2010）．『NO FUTURE—イタリア・アウトノミア運動史』洛北出版

マクルーハン, M. ／栗原 裕・河本仲聖［訳］（1987）．『メディア論—人間の拡張の原理』みすず書房（McLuhan, M. (1964). *Understanding media: The extensions of man*. New York: McGraw-Hill.）

マクルーハン, M.・フィオーレ, Q. ／門林岳史［訳］（2015）．『メディアはマッサージである—影響の目録』河出書房新社（McLuhan, M., & Fiore, Q. (1967). *The media is the massage: An inventory of effects*. New York: Random House.）

毛利嘉孝（2017）．「ポストメディア時代の批判的メディア理論研究へ向けて」『マス・コミュニケーション研究』*90*, 29–45.

若林幹夫（1990）．「交通空間としての都市」都市デザイン研究所制作［編］『速度都市—TOKYO '90』都市デザイン研究所, pp.2–8.

和田 敬（2011）．「ミニFMによるパーソナル・ネットワーキング—関西地域の事例をもとに」『情報通信学会誌』*28*(4), 17–30.

和田 敬（2017）．「ローカルメディアの技術変容—ミニFMという実践を補助線に」飯田 豊［編著］『メディア技術史—デジタル社会の系譜と行方 改訂版』北樹出版, pp.98–112.

Krauss, R. (2000). *A voyage on the north sea: Art in the age of the post-medium condition*. New York: Thames & Hudson.

Manovich, L. (2013). *Software takes command*. New York; London: Bloomsbury.

第6章

求人メディア利用の変化から「人＝メディア」を考える

新規大卒就職を例に
妹尾麻美

私たちは，日々，インターネットを用いてさまざまな情報を入手しており，それがない時代，どのように情報を収集していたのかさえ想像がつかない。ニュース，仕事，ショッピング，趣味など，重要なことから些末なことまで，検索すれば簡単に情報を得ることができる。

Google の検索窓 *

本章は，情報探索のなかでも，大学生の仕事探しに焦点をあてる。大学生が就職活動をするとき，どのような情報をどのように手に入れるのだろうか。就職活動と求人メディアの歴史を簡単に振り返りつつ，インターネットを用いて変わったこと，それを用いてもなお変わらないことについて考える。それに際して，まず日本的雇用慣行について簡単に説明し，新卒の定期採用が始まった頃からどのようなメディアが用いられてきたのか振り返ったのちに，インターネット利用が進んだいまなお用いられている「人＝メディア」の役割について考察していくこととする。

*https://www.google.com/（最終閲覧日：2018 年 7 月 24 日）

1 就職活動と情報源

　本書を手に取るみなさんの多くは大学生で，卒業後はどこかの企業に就職をしようと考えているだろう。今，具体的に考えていない人も，学校を卒業後，雇用形態を問わず，何らかの仕事に就くこととなる（すでに働いた経験をもつ「社会人」かもしれない）。

　では，みなさんが仕事に就くことを考え始めたとき，仕事に関するどのような情報を，どのように得ようとするだろうか。おそらく，初めにネットで検索するだろう。新規大卒就職活動では，就職ナビサイトを用いた情報収集が一般的になっている。就職ナビサイトとは，採用を行っている企業の情報を載せているウェブサイト（「リクナビ」「マイナビ」など）のことを指す。合同説明会や企業説明会への参加登録さえナビサイトを経由して行われており，これらは「就職活動」におけるインフラといっても過言ではない。

　だが，1990 年代後半まで，当然ながら，私たちはインターネットを用いて情報を入手したり，応募したりすることはできなかった。では，それ以前，大学生はどのようなメディアを用いて，仕事に関するどのような情報を入手していたのだろうか。以下では，求人に関わるメディア利用を振り返りつつ，その性質について考えていく。

2 就職活動の歴史と求人メディアの変化

❖新規大卒就職活動とは

　本章は，「求人メディア」を，求人側の企業と求職側の学生をつなぐものとし，その利用について論じていく。ただし，その前に，新規大卒就職活動それ自体について説明しておきたい。

　一般的にみなさんは「就職」と聞くと，「大学 4 年生になる頃シューカツして，卒業後は 4 月 1 日から働く」というイメージを思い

浮かべるだろう。しかし、このような雇用慣行をもつ国は多くない。たとえば、イギリスでは、卒業が決まるまで就職活動を行わない学生が約半数近くいる（労働政策研究研修機構国際研究部, 2007）。欧米諸国は「必要なときに、必要な資格や能力、経験のある人を必要な数だけ」採用する「ジョブ型雇用」の仕組みをとっている（濱口, 2013：40）。そのため、職業能力をもたない学生は、在学中にインターンシップなどで職務経験を積み、仕事に関連する内容を大学で学びつつ、卒業後に就職活動するのである。

　一方、日本では、職業に関する能力をもたない大卒者を企業が雇い入れ、そのなかで職業能力を身につけさせる。企業内でさまざまな仕事をこなしながら、被雇用者が長期にわたって職業能力を身につけていく雇用のあり方を「メンバーシップ型雇用」と呼ぶ（濱口, 2013）。企業は、仕事に合った人を雇い入れるのではなく、毎年一定の若者を雇い入れることとなる。この定期採用の習慣は、1910年頃に一部の大企業が高等教育を卒業したばかりの大学生を雇い入れたことをきっかけとしている。それが、戦後広く普及した。1960年代、中卒者や高卒者も新卒で雇い入れる慣行が広まっていった（菅山, 2011）。この雇用慣行は、一部では崩れているものの、現在まで続いている。

　メンバーシップ型雇用では、就職活動までに望む仕事に関する知識や能力を身につける必要性は薄い。むしろ、自らが入社を希望する組織（企業）について詳しく調べることの方が重要となる。なぜなら、個人の合理性と組織の合理性を一致させる必要が生じる（佐藤, 1993）からである。そのため、採用活動において、企業は自社がどのような事業を行っているのかを学生に説明し、一方、学生は就職活動の際、どの企業の社員（メンバー）となりたいか、を考えることとなる。

❖新卒就職における求人メディアの変化

　前項でみてきたように，新規大卒就職の仕組みは，日本の雇用慣行と大きく結びついたものである。こうした仕組みがさほど変化してこなかったことに対して，仕事を見つける際のメディア利用はその時々で形を変えてきた。次に，この変化についてみていきたい。

　そもそも，第一次大戦まで，大卒者は全国で1,000人に満たないほど少なく，大卒者を雇用する企業もかなり限られていた。当時，「つて」や「紹介」など「人」を介して，就職の機会を得ていたといわれている。職業に関する情報は，人的ネットワークによって媒介されていた（福井, 2016：24）。

　しかし，第一次大戦以降，高等教育進学者数が増加し，民間企業が大卒者を定期的に採用し始めた。それにより，企業は「紹介」のみで採用者を絞り込むことが難しくなってきた。この頃から，学生と企業をつなぐものとして「学校」という場が介在するようになる。企業が学生に情報を伝達するメディアは，人から学校へと変化していった。戦前の段階で，すでに大学による斡旋（学校推薦）で就職する仕組みが普及していたといわれている（大島, 2012；福井, 2016）。第二次大戦後も，企業・学生ともに学校を介して情報を得ることにより，互いの出会いが可能になっていた。ただし，学校ですべてが決められていたわけではない。学校（学校名）を基準とした選抜ののちに，人物試験が実施されていた。昭和初期に，『就職戦術』（壽木, 1929）と呼ばれる就職活動マニュアルが出版されている。印刷物によって，就職に関する情報が流通し始めていたといえるだろう。ここには，面接対策などのマニュアルを必要とする学生が増加していく様子が垣間見える。

　こうした状況のなか，新規大卒就職－採用市場に「求人広告」という新たなメディアが登場する[1]。1960年，「大学新聞広告社（現リクルート）」は，就職情報を載せたフリーペーパーを学生に無料

で配るビジネスを始めた。「大学新聞広告社」という名の通り,企業から掲載料を受け取り,企業の求人情報を学生に提供する。高度経済成長とそれに伴う大卒就職 – 採用市場の拡大が要因となり,求人広告が広まっていった。

　以後,求人広告の普及と並行して,自由応募が拡大していくこととなった。大島真夫 (2012) は,1961年から1979年の間に就職斡旋から自由応募へと変化してきたことを論じている。自由応募とは,大学の推薦を受けることなく自由に何社でも会社訪問(現在の会社説明会に近いもの)し,応募する形態を指す。1969年にリクルートが求人情報(事務系)を載せた冊子を配本した大学は主要77校に及ぶ(日本リクルートセンター, 1969)。大学新聞広告社の創業後およそ10年経たずして,リクルートが発行した冊子を多くの学生が用いるようになった。この冊子は頼んでもないのに送られてきて,学生はその冊子に付属の資料請求はがきを企業に送り,資料を請求していた(大島, 2012)。大学が求人票を公開したり,斡旋したりすることよりも,冊子から情報を得て,資料請求はがき(図6-1)を用いて応募したり,冊子で志望の企業を見つけたのち,OB・OG訪問[2]をしたりすることが一般的になっていく。

　しかし,1990年代後半以降,さらに状況は一変する。1990年代前半のバブル崩壊後の景気の悪化,就職に関する制度の変更[3]など大きな変化のなかで,「インターネット」が登場するのである。

---

1) 「求人広告」は,歴史をひもとくと「尋ね人広告」に行き着くといわれている。新卒就職に限らなければ,日本でも明治・大正に新聞上で「求人広告」に類するものがみられる(リクルート, 1991)。
2) ここでのOB・OG訪問とは,若手社員と会うことが事実上面接の機能を果たす,「人」を介した採用手段を指す。OB・OGを訪問して企業の情報を得ることとは異なり,現在の「リクルーター制」に相当するものである。
3) 1996年に,就職に関する企業と学校間での取り決めであった「就職協定」の廃止が決まり,採用時期の規制が緩くなった。

第Ⅱ部　人・モノ・場所のメディア史

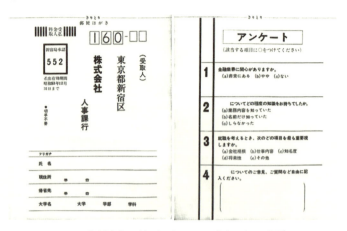

図 6-1　資料請求はがき（日本リクルートセンター, 1978）

1996年，リクルートは「RECRUIT BOOK on the NET」を開設し，インターネットを用いた情報経路を開いた。97年に，それは「リクルートナビ」へと名称変更され，のちに「リクナビ」となった。景気の悪化により，安価で優秀な学生を少人数のみ採用したい企業と就職を希望する学生の間に，インターネットという技術が入り込んだ結果，就職ナビサイトやそれに関わる採用ビジネスが生じたのである。

では，インターネットによる経路は，就職活動にどのような変化をもたらしたのだろうか。次の二点を挙げておこう。

第一に，情報伝達の速さである。企業が学生に伝える情報の伝達速度は格段に速くなった。同様に，学生が企業に自らの情報を伝える「エントリー」も，はがきに比べて速く簡便になった。

第二に，情報量の把握の困難である。ダンボールに入った印刷物（リクルート・ブックなどの冊子）がウェブへと移行したことで，情報量が把握しづらくなった[4]。インターネットでの就職活動が始まった当初，企業はどの大学，どの学部にも，より広範に，そして安

価に情報を提供することができ，学生側からの情報提供も可能な双方向性をもつメディアとしてインターネットに期待を寄せていた（日本労働研究機構研究所，2000）。しかし，実際には，広範な対象に情報を提供しながら，ターゲットを絞り，学校歴などで異なる情報も提供している（齋藤，2007）。加えて，就職ナビサイトに限っていえば，双方向のやりとりが行われているとは言い難い。むしろ，就職ナビサイトは，大学3年生という「マス」をターゲットにしたサービスであり，マス・メディアとしての性質を帯びている[5]。

こうした情報伝達の速度と情報量の把握の困難さは，就職活動の長期化・早期化（本田，2010）を生んだ要因の一つだと考えられている。

3 就職-採用における「人=メディア」の役割

❖就職-採用において利用されるメディア

ここまでの議論から，就職活動において用いられるメディアがその時々で変化してきたことがわかるだろう。では，学生はそれをどのように利用してきたのだろうか。ここでは，過去と現在を比べて検討してみたい[6]。

図6-2は，約40年前の就職活動における情報探索について論じた重里（1982：166）の図に筆者が一部のデータを入れ替え，加筆したものである[7]。1979年，企業側は大学就職部を最も利用していた。一方，学生側は会社案内集を使用するとともに，先輩社員や家族な

---

4) たとえば，インターネットの場合，冊子とは異なり自らキーワードで検索し，情報を探索する必要がある。
5) マス・メディアとしてのインターネットについては，辻（1997）に詳しい。
6) 本章での分析に際しては，すでに実施された調査データを用いており，調査主体も異なるため，単純比較できない点があることに注意が必要である。図6-2・6-3ともに，「→」がない部分は回答が用意されていないことを示している。

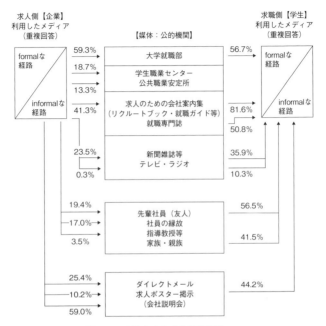

図 6-2　1980 年卒の求人情報経路
(日本リクルートセンター人事教育事業部 (1980) を基に筆者作成)

どの「人＝メディア」[8]や就職部も用いていたことがわかる。

図 6-3 には，2011 年に大学 3 年生だった大学生を対象とした調査[9]

---

7) 重里 (1982：166) は，20 歳以上 (60 歳以上をも含む) を対象にした調査データ (経済企画庁国民生活局国民生活調査課, 1978) を求職側の結果としている。しかし，これは大学生を対象にした結果ではない。そのため，本章では，重里が用いた求人側のデータ (日本リクルートセンター人事教育事業部, 1980：64) と併せ，リクルートが 1980 年卒の男子大学生に対して実施した調査結果を求人側の結果として示した (日本リクルートセンター人事教育事業部, 1980：81)。なお，ここでは「利用した情報源 (重複選択)」の回答結果を示している。
8) ここでは，人を介した情報伝達の様態を「人＝メディア」と呼び，人的媒体 (重里, 1982) と同様のものを指す。

第6章　求人メディア利用の変化から「人＝メディア」を考える

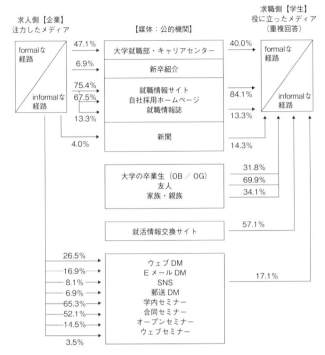

図6-3　2013年卒の求人情報経路（ディスコ（2012）／
「大学生の生活と就職活動に関する調査」（実施：辻大介）を基に筆者作成）

の結果（「就職先を志望する企業を選ぶうえで役に立った情報源（重複回答）」の割合[10]）と、採用広報として注力するメディアの調査結果（ディスコ, 2012）を示した。企業側は、インターネットを用いた情報経路を使用している。一方、学生側は、もちろんインターネットを利

---

9) 科学研究費補助金（基盤研究（C））「オンライン／オフラインの社会関係資本が大学生の就職に及ぼす効果に関する調査研究」（研究代表者：辻大介）による研究成果の一部である。データの使用については研究代表者の許可を得た。

用しつつも、友人や情報交換サイトなども用いていることがわかる。

このことからわかるように、確かに用いられてきたメディアは約20年で印刷物からインターネットへと置き換わった。しかし、変わらない部分があることに気づく。それは求人における「人＝メディア」が現在でも一定程度の役割を果たしている点である。

❖「人＝メディア」の役割を考える

インターネットが普及し、就職におけるインフラとなっているにもかかわらず、「人＝メディア」がいまだに一定の役割を果たしている。本項では、その理由を求職者の側から考えてみたい。

ここで、就職活動過程を考えてみよう。学生は当該年度の就職ナビサイトの開設と同時に、そこに登録をする。多くの企業からいくつかに絞りこむときには、そこに掲載されている情報に頼る。その後、個別説明会で社員の話を聞き、エントリーシートや履歴書を提出する。この説明会や選考の段階では、どの企業で働くのか「決める」ための情報が必要となってくる。社員との対話や何度かの面接を経て、内定に至る。求職者にとってそれぞれの段階で必要となる情報は異なり、かつ、情報経路がフォーマルな場合とインフォーマルな場合とでは、得られる情報も違ってくる（重里, 1982：169）。

とりわけ、「人＝メディア」による情報の流れや信頼性は、意思決定段階で利用価値がより高くなる（重里, 1982）。OB・OG訪問が普及していた1990年代前半と2010年代の就職活動を比較した中村は、OB・OG訪問によって、学生は人から得る信頼を得ていた可

---

10) この調査では「利用したメディア」に関する設問も用意されているが、比較可能な回答項目が少なかったため、「就職先を志望する企業を選ぶうえで役に立った情報源」を図示した。加えて、「友人」は、「ゼミ・研究室の友人」「部活・サークルの友人」「それ以外の大学の友人」「大学以外での友人や知り合い」のどれかに回答した者の割合を示している。

能性を示唆している（中村, 2010）。以下，筆者が就職活動を行う学生に継続的に実施した調査を事例に，人から得る情報の信頼について考えてみたい。

なかなか就職先を決めることができない大学生Aさん（2013年卒）がいた。Aさんは2社の内定をもっているものの，就職活動を継続していた。3か月後，Aさんは2社のうちの一つであるB社に入社することを決める。このB社は当初希望していた業界と異なり，合同説明会で関心をもち，応募したという。Aさんは，B社の社員と話をしたちょうどすぐあと，筆者の調査に協力した。

> A：決めました。
> 筆者：今日，（B社の社員と）話してきた？
> A：はい，そうです。卒業生に（B社で）働いている方がいて，その方の話を聞きたいなと思って。
> 筆者：どうやった？
> A：自分が働いても大丈夫かなって思えた。働いてる人たちの雰囲気とか，会話してるところも見ることができましたし，その先輩に，しんどい部分もあるけど楽しい部分もあるという，そういう話もしっかり聞けたので。自分の中ではいけるかなって思います。

AさんはB社の社員を訪問し，話を聞いて，最後の決断を下したのである。加えて，それまでにもAさんは両親や友人，恋人とも就職先を決める際，話し合いを重ねていた。私たちはフォーマルな情報源によって，企業の事業内容や給与の平均値を知ることができる。だが，Aさんのように仕事内容など個人の経験を介してしか得られない情報を用いて，こうした重要な決定を行うこともあるのだ。

ここでは，就職活動で用いられる「人＝メディア」について論じ

てきた。私たちは何かを決断するときに、ネットでの検索だけで決めたり、他方、客観的な情報をすべて吟味したりするわけでもない。必要な情報すべてを入手することは不可能である。そうしたなかで、企業、学生の双方がインターネットや人、それぞれの性質を用いて、必要な情報を入手しているのである。

4 求人メディアのゆくえ

　就職活動をテーマに、どのようなメディアを用いて、どのように情報を入手しているのかを確認してきた。第2節では、就職におけるメディア利用について論じ、現在のインターネットを用いた就職活動が始まったのは90年代であること、求人情報サイトがインフラとなっていることを示した。だが、こうした状況は当たり前のものではなく、過去にさかのぼってみれば、「学校」という場所や「会社案内集」などの印刷物が重要な役割を担っていた。続く、第3節では、就職活動におけるメディア利用と「人＝メディア」の役割について論じてきた。

　近年、企業が採用で人工知能（AI）を導入する機運が高まっている（『日本経済新聞』2018年3月7日）。もう少し大きな動向として、報道が過熱しすぎているようにも見受けられるが、AIや機械が仕事を代替する可能性も指摘されている。つまり、一部の職業がなくなる可能性まで議論されているのだ。そのなかでも残る仕事として、人と接する職業が挙げられる。AIは「人が持つ、突発的で予測不可能な事態にも対応できる能力」をもちえないからである。むろん、これは予測でしかない。だが、ここまでみてきたように、私たちはこれほどまでにインターネットを介して日々情報を得ているにもかかわらず、何かを決断するとき、人を介して情報を得てもいる。結局のところ、私たちは「人」と「人以外」の線引を何らかの形で行

い,その情報価値を等価には置いていない可能性が考えられる。

本章では,新規大卒就職活動を題材に,その情報経路を探り,情報源としての「人」について考えてみた。その際,大学生と企業の間を媒介する,「人＝メディア」とその他のメディアを等価にみてきた。そして,それらを等価にみたとき,私たちはその違いに気づき,情報源としての「人」の価値が,今後もなくならないだろうことにも気づくのである。

●ディスカッションのために
1 インターネットの普及は就職活動にどのような変化をもたらしたのだろうか。本章の言葉を用いて説明してみよう。
2 就職活動で,どのようなメディアが使われてきただろうか。また,どうしてインターネットの普及があったにもかかわらず,「人＝メディア」の重要性も残っているのか。本章の言葉を用いて説明してみよう。
3 周囲の人と1,2を踏まえて自分がやってみたい就職活動の方法について一緒に考えてみよう。

●引用・参考文献
大島真夫 (2012).『大学就職部にできること』勁草書房
経済企画庁国民生活局国民生活調査課［編］(1978).『日本人の教育観と職業観―生活欲求の実態とアクセシビリティー』大蔵省印刷局
齋藤拓也 (2007).「就職活動」本田由紀［編］『若者の労働と生活世界―彼らはどんな現実を生きているか』大月書店, pp.185-217.
佐藤俊樹 (1993).『近代・組織・資本主義―日本と西欧における近代の地平』ミネルヴァ書房
重里俊行 (1982).「日本的雇用下における新規学卒者と就職」井関利明［編著］『労働市場と情報』慶応通信, pp.153-185.
壽木孝哉 (1929).『就職戦術』先進社
菅山真次 (2011).『「就社」社会の誕生―ホワイトカラーからブルーカラーへ』名古屋大学出版会

辻　大介 (1997).「「マスメディア」としてのインターネット―インターネット利用者調査からの一考察」『マス・コミュニケーション研究』50, 168-181.

ディスコ (2012).「採用マーケットの分析 2013 年度最終総括」〈http://www.disc.co.jp/uploads/2013/02/2012.09_bunseki2013.pdf（最終閲覧日：2018 年 6 月 6 日）〉

中村高康 (2010).「OB・OG 訪問とは何だったのか」苅谷剛彦・本田由紀［編］『大卒就職の社会学―データからみる変化』東京大学出版会, pp.151-169.

日本リクルートセンター (1969).『学生就職動機調査―'69「企業への招待」大学，高専版の配本報告書』日本リクルートセンター

日本リクルートセンター (1978).『月刊就職ジャーナル 1978 年 6 月号』日本リクルートセンター

日本リクルートセンター人事教育事業部［編］(1980).『リクルート調査総覧 1980』日本リクルートセンター

日本労働研究機構研究所［編］(2000).『変革期の大卒採用と人的資源管理―就職協定廃止と大卒の採用・雇用管理の変化』(調査研究報告書 128)

濱口桂一郎 (2013).『若者と労働―「入社」の仕組みから解きほぐす』中央公論新社

福井康貴 (2016).『歴史のなかの大卒労働市場―就職・採用の経済社会学』勁草書房

本田由紀 (2010).「日本の大卒就職の特殊性を問い直す」苅谷剛彦・本田由紀［編］『大卒就職の社会学―データからみる変化』東京大学出版会, pp.27-59.

リクルート［編］(1991).『求人広告半世紀』リクルート出版

労働政策研究研修機構国際研究部 (2007).「諸外国の動向 若者のキャリア形成と就職」『ビジネス・レーバー・トレンド』2007 年 1 月号, 19-27.

第7章

着こなしの手本を示す
読者モデルからインフルエンサーへ
藤嶋陽子

ファッションにおいて，メディアは表象を作り出し，伝達し，そして生産周期や流通構造への影響力も有する。それゆえ，従来の中心的なメディアであったファッション雑誌に加えて，ソーシャルメディアでの情報発信が拡大したことは，ファッションをめぐるさまざまなルールを変えつつある。その一つが，ファッションアイコンのあり方である。ソーシャルメディアの普及とともに台頭したインフルエンサーには，セレブリティやスーパーモデルだけでなく，多様なボディイメージや年齢，職業の「身近さ」を感じ

Instagram の #インフルエンサー タグの検索結果 *

させる人物も含まれる。しかし，こうした身近なファッションアイコンのもつ意義は，各地域のファッション文化や産業構造によって異なり，一律ではない。本章では，インフルエンサーの役割と意義を各地域の文脈から捉える試みとして日本の事例を取り上げ，身近なファッションアイコンの系譜として重要な位置にある読者モデルとの連続性から考察してみる。

*https://www.instagram.com/explore/tags/インフルエンサー/（最終閲覧日：2018年7月20日）

1 はじめに：ファッションメディアの変容

❖ファッションメディア

　ファッション文化を捉えるうえで，ファッションメディアは極めて重要な存在である。ファッションにおける表象を作り出し，伝達する存在としてファッションメディアを一括りにしても，実際には絵画，小説，映画，写真，漫画，テレビ番組と多様な対象が含まれ，時代や社会的背景によっても性質が異なる。そのなかでもやはりファッション誌は，18世紀半ばに誕生してから今日までファッション文化の形成に大きな影響を与えてきた。ロラン・バルトがその表現と意味の体系の分析を試みたが（バルト, 1972），ファッションメディア——特にファッション誌は，単にトレンドや商品の情報を伝えるだけでなく，写真やテクストを介して，「良い」ファッション，「最新の」スタイル，そして「理想的な」身体といったファッションにおける価値を決める中心的な役割を果たしている。しかし今日，新たな技術の登場によって従来の構造に変化が生じている。

> この［ファッションメディアの］領域は，重大な社会的，技術的な変化の最中にある。それは現在も過去も，デザイン，技術，社会そしてアイデンティティを結びつけるプロセスの複雑で，多層的なプロセスを探求する絶好の機会を提供する。(Bartlett et al., 2013：1)

❖紙媒体の雑誌からオンラインへ

　今日，ファッション誌は世界的に苦境にあるといえるだろう。日本でも実際，ある時代のムーブメントを牽引した有名雑誌が相次いで廃刊に追い込まれている。ファッションカルチャー誌『i-D magazine』の副編集長であるフェリックス・ペティは，今日のフ

ァッション誌の危機は，消費者が情報を得る媒体がオンラインに移行したことによると分析する。そして，「「ライブ」で「インスタント」であることが重要視され」るオンラインでの情報発信の形式が，ファッションの生産，流通構造にも変化をもたらし，既存の構造に依拠したファッション誌に影響を与えていると考察している（ペティ，2017）。

オンライン化するファッションメディアを捉えるうえでさらに重要な点が，情報発信する行為者の拡大である。ブログ，YouTube，Instagram，Twitterはもちろん，コーディネート写真を共有するWEARなど多様なプラットフォームが登場し，個人による情報発信が大きな影響力をもつようになった。業界におけるソーシャルメディアの領域への注目は，世界的にみると2000年代初頭にファッションブログが登場したことから始まった。特に写真の共有に特化したInstagramはファッションとの相性がよく，米国ファッション協会（Council of Fashion Designers of America：CFDA）もFashion Instagrammer of the Yearという賞を新設するほど重要なものとなっている。そして，各プラットフォーム上で影響力のある人々は，「インフルエンサー」という言葉に収斂されつつある。その用語の現在の定義は以下のようなものである。

> 他に影響力のある人やもののこと。特に，インターネットの消費者発信型メディア（CGM）において他の消費者に大きな影響を与える人。（デジタル大辞泉）

> インフルエンサーとは購買中心点にあって組織の購買意思決定に影響を与える人のことをいう[1]。

このように緩やかな定義で括られているインフルエンサーである

が，その内実は一般人からセレブ，モデルまでソーシャルメディア上で人気のある存在を幅広く包括している。

2 本章のねらい

❖ファッション研究におけるインフルエンサー

こうしたファッションメディアの変容とインフルエンサーに対する研究は，近年登場した事例であるため蓄積が厚いとはいえないが，ファッションブログに関する研究を中心に2010年頃から取り組まれるようになった。そして，2015年には*Fashion Theory*にて特集が組まれている。一連のファッションブログに対する研究では，「ファッション，そしてソーシャルメディアの双方における自己をめぐる実践と集合的アイデンティティの形成が中心的な関心」(Mora & Rocamora, 2015：150) であり，ソーシャルスペースでのアイデンティティの構築やセルフブランディング，またこうした実践の背景にあるテクノロジーの問題，ファッション業界の構造とブロガーの関係，キャリア形成などが分析の対象となっている。

さらに，ソーシャルメディアを介した多様な情報発信はファッションの民主化として評価されている。ファッションは伝統的に，ハイファッションのブランドや有力なファッション誌，ジャーナリストらによって「良い」もの，「理想的な」身体イメージが決められるトップダウン的な構造にあった。古典的にはブローデル (1985)

---

1) トライベック・ブランド戦略研究所「ブランド用語集」〈http://japanbrand.jp/dic/インフルエンサー.html（最終閲覧日：2018年6月29日）。また，購買中心点とは組織の購買決定プロセスに参加する人々のことをいう。ユーザー，インフルエンサー，決定者，ゲートキーパーからなる（トライベック・ブランド戦略研究所「ブランド用語集」〈http://japanbrand.jp/dic/購買中心点.html（最終閲覧日：2018年6月14日）〉。

やヴェブレン（1998）が階級社会における上流階級への「憧れ」から流行のメカニズムを説明している。現代では憧れの対象が俳優やモデルといったセレブリティに置き換わり、マスメディアや企業のブランディングと複雑に結びついている（Gibson, 2012）。ゆえに、ソーシャルメディア上で多様な行為者が多様なボディサイズや年齢、ライフスタイル、宗教、ジェンダーのファッションを提示したことは、トップダウンで一律の価値が決定される既存の権力構造への対抗と理解されるのだ。実際には、高い支持を集めるブロガーは業界人であったり、モデルのような容姿であったりと、結局は既存の価値観を乗り越えているとはいえない部分も大きい。それでも、モデルやセレブリティよりも「身近さ」を感じさせるファッションアイコンは、その象徴的な存在として重要性を帯びている。このようなブロガーに対する議論は、テクストの比重が大きいブログに対し、写真を中心としたInstagramなどの異なるプラットフォームでの実践にそのまま適用できるわけではない。しかしながら個人による情報発信、「身近さ」を感じさせるファッションアイコンの意義という点では共通する枠組みにあると考えられる。

❖日本におけるインフルエンサー

　日本のインフルエンサーも芸能人やプロのモデルだけではなく、OLや主婦が中心的な役割を果たし、支持の厚いアカウントであっても顔を隠している場合も多い。もちろん一括りにすることは難しく、たとえばブログでは、『Vogue』や『ELLE』といった雑誌のオフィシャルブロガーは雑誌の性質上、ハイファッションとの結びつきが強いが、一方でAmebaブログなどは特にファストファッションとの結びつきが強く、ファッション部門の閲覧数ランキングでは「プチプラ（プチプライス：「安価」の意）」アイテムのコーディネートに特化したブログが上位を占め、「高見え」や「しまパト」と

いったキーワードが並ぶ。Instagram ではアカウントによって年齢層からスタイリングのテイスト，着用するブランドの価格帯まで非常に多岐にわたる。しかしコーディネートのアイテムがブランド品ばかりということは少なく，ユニクロやGUといったファストファッションを取り入れている場合が多い。では，こういった日本における「身近な」存在のインフルエンサーも，欧米のブロガーの議論と同様に「ファッションの民主化」の象徴として位置づけることは可能なのだろうか。

ブロガー研究の重要性を提起したモーラとロカモラ（Mora & Rocamora, 2015）も，ブロガー個人としてのキャリアだけでなく，その存在が業界や社会に受け入れられる過程や役割を捉えるためには，その国のファッションシステム，業界を取り巻く社会的，文化的背景を前提として考慮しなくてはならないと指摘している（Mora & Rocamora, 2015：151）。特に日本の事例を考えるうえでは，ファッション文化のあり方，業界の構造が欧米圏と異なる点も非常に多い。

そもそも「身近な」存在のファッションアイコンは，日本においてはインフルエンサー以前にも存在していた。それは，読者モデルである。読者モデルは，日本固有の存在で，その定義はインフルエンサーと同様に曖昧ではあるが学生やOL，主婦といった一般の読者を代表する存在である。現在インフルエンサーとして括られる人気を集めるインスタグラマーやブロガーも，読者モデル出身，もしくは現役読者モデルということが多く，両者は地続きに性質を共有していると考えられる。それゆえ，日本におけるブロガーやインスタグラマーといったソーシャルメディア上での「身近」なファッションアイコンの性質と役割を考えるためには，歴史的前提として読者モデルへの着目が必要であるだろう。次節からは読者モデルという存在の創出，その役割と位置づけに対して考察を進めていく。そして，雑誌からソーシャルメディアに場所を変えることで，読者モ

デルによって規定された「身近な」ファッションアイコンの性質や役割に，変化はみられるのかを検討していく。

3 「読者モデル」という身近なファッションアイコン

❖読者モデルの登場

　日本のファッション誌は，コレクションブランドを中心的に扱う一部の「モード誌」（富川, 2015：23）を除いて，読者の日常のファッションの手本であり，単にトレンドを指南するだけではなく，雑誌の読者として理想的な服装，ライフスタイルを提示し続けてきた（米澤, 2010）。特に 1970 年創刊の『an・an』は，当初は街中で起きている流行を後追いで広める役割でしかなかった雑誌を，流行を生み出す主体的な役割に変化させた（難波, 2007：186-187）。そこで登場したのが，雑誌専属モデルという存在である。専属モデルとは「「雑誌の顔」的存在」（富川, 2015：35）で，日本独自の存在であった。雑誌と特定のモデルを結びつけることで雑誌が提案する理想像を体現し，読者にわかりやすく伝え，シンボルとして強化する役割を担っていた。

　さらに 1975 年創刊の『JJ』によって，この役割はプロのモデルだけでなく読者にも与えられるようになった。そこで重要となるのが，街頭スナップ[2]である。『JJ』は定期的に読者が登場する企画を設け，雑誌が提案する理想的なスタイルに対する読者の理解を促していった。そして徐々に支持を集める有名読者――いわゆる読モ

---

2) 街頭スナップ自体は，古くから雑誌のなかに存在した。富川（2015）によると，アメリカでは 1880 年前後から始まり，日本でも少なくとも 1950 年代の『装苑』に掲載されている。しかし当時の街頭スナップは，洋装の正しい着こなしの指南であった。雑誌のターゲットやコンセプトを明確にする目的では，『JJ』がその先駆けといえる。

が登場することになる。難波（2007）は1984年に博報堂生活総合研究所が実施した調査結果を基に、JJ派のなかでも多様な雑誌に目を通し、高額な装飾品を所有するリーダーとそうでないフォロワーという階層分化が生じたことに着目しているが、これは読者モデルと読者という新たな境界とも重なり合う。1980年代に入ると、読者を起用した企画はどの雑誌でもみられるようになる。そして特に高い知名度を獲得して芸能活動にも参入する、『Olive』の栗尾美恵子のような存在も登場した。

このように読者モデルは、専属モデルと街頭スナップを下敷きに創出された、雑誌側と読者側の中間に位置する存在である。当初の役割は、雑誌の提示する理想像をさらに強化することで、専属モデルと同質のものであった。特に『JJ』は、当時「クリスタル族」と呼ばれたようなOLや女子大生こそが雑誌のシンボルであった。

❖増殖する読者モデルの位置づけとその役割

このような読者モデルは徐々に日本のファッション誌に必要不可欠な存在となり、2000年代に入ると爆発的に数を増やしていく。その一方で雑誌も多様化していき、読者モデルの位置づけも一様ではなくなる。たとえば『egg』などのギャル雑誌や『Zipper』などの青文字系雑誌では、登場するモデルの多くが学生やショップ店員で、大半が読者モデルとして括られる。対照的に『CanCam』や『ViVi』といった赤文字系雑誌では、専属モデルと読者モデルが並存して明確に使い分けられている。専属モデルは、雑誌出身のモデルという意味で読者モデルと呼ばれることもあるがプロのモデルであり、表紙や巻頭ページを飾る。その一方で読者モデルは街頭スナップ、私生活の実態や持ち物の調査といった企画に起用される。

それでは各雑誌における読者モデルの役割に、なぜ違いがあるのだろうか。一般に、赤文字系雑誌は男性受けを意識したファッショ

ン，青文字系雑誌は個性的で男性に媚びないファッションと定義される。もちろんこの定義自体を問う必要もあるが，赤文字系雑誌が一貫した「理想的な女性像」を，青文字系雑誌がより個性を重視する傾向は確かに存在した。それゆえ赤文字系の雑誌は，その理想像を強固に構築していく必要があり，専属モデルは作り込まれたイメージの一部となる。雑誌モデルのファン心理を分析した佐々木（2012：168-169）は，専属モデルのファンたちはファッション誌を写真集のような「［モデルを］「見る」媒体として受容」しており，そこでは「衣服の情報は，あくまで周辺的なものであって，ついでに読むものであり，あるいは読み飛ばされてしまうもの」になっていると考察している。つまり，専属モデルはイメージの構築に特化し，現実的な情報源として機能していなかったのだ。それは彼が引用した，20代の女性の「プロのモデルが着たら，それはもともとかわいい人が着てるんだから，着こなしの参考にはならないんです」という発言が顕著に表している。

そこで現実的な情報を発信する存在が，読者モデルであったと考えられる。事実，読者モデルが登場する企画は，バッグの中身や街で見かけるアイテムのランキングなど，現実的な「消費」についての情報を提供している。つまり赤文字系雑誌における読者モデルの役割は，専属モデルが作り上げたイメージから実際に何を買うべきか，実際にはどう着こなすかといった具体的な情報を描き出し，手本を示すことなのだ。対照的に，青文字系雑誌では個性が重視されることから，統一された強固なイメージはそれほど必要ではない。それよりも，読者モデルというおしゃれな個人が何を買っているか，流行のアイテムをどのように着こなすかという情報が重要となる。ギャル系雑誌にも同様の傾向がみられる。

このように，どの雑誌にも共通して読み取れる読者モデルの役割は，雑誌側が構築した理想像や，業界が作り上げた流行といった送

り手側の「物語」を、現実的な購買に結びつく情報に翻訳し、読者に手本を示すことであった。つまり、初期の読者モデルのように雑誌の提示する理想像を単に強化するだけではなく、その理想像を手持ちのアイテムや金銭的な制約のなかで実現し、一般の読者にとって等身大の身体イメージに落とし込むのだ。読者モデルに憧れる層に向けて、主に赤文字系の読者モデル110人に実施した多様なアンケート調査をまとめた『読モリアルライフ』（読モ研究委員会, 2011）では、「読モのすべて」として紹介されている調査結果として、彼女たちのファッション事情よりも先に月の服飾費への支出や節約法といった金銭事情から始まっている。したがって読者モデルとは、雑誌や専属モデル、ファッション業界が作り出す幻影と現実的な生活の間を媒介する存在であったのだ。

❖ソーシャルメディアにおいて強化される役割

しかし雑誌のなかでは彼女たちが起用される紙幅はそれほど多くはなかった。しかし、ソーシャルメディアが登場することで、彼女たちは制限なく自ら日々の着こなしや私生活を紹介することが可能となった。読者モデルが認知度を高めるには発信の場を確保することが非常に重要で、前述の『読モリアルライフ』でも、各個人のブログURLと更新頻度がプロフィールとして掲載されている。こうしたソーシャルメディアでの情報発信に一般の主婦やOLも加わり、影響力をもつ人々に新たに「インフルエンサー」という枠組みが与えられるようになったのだ。

現実的な情報発信という読者モデル、またそこから引き継がれたインフルエンサーの役割は、ソーシャルメディア上でさらに強化されることとなる。その要因として一つには、キーワード設定、ハッシュタグといった機能によって欲しい情報——たとえば、商品の着用感や自分と近いボディサイズでのスタイリングの検索が容易とな

ったことから，ソーシャルメディアが現実的な情報の参照先として重要度を高めていることがある。発信側もこのシステムに合わせ，多くの支持を得るアカウントは「きれいめカジュアルでつくる大人コーデ」「ぽっちゃりアラサーのプチプラコーデ」などの年齢，体型，テイストといったコンセプトを設定したり，「GU神MANIA」「毎日しまむらコーデ」といった各ブランドに特化し，体系的に整理された情報発信を行っている。インスタグラマーによるブランド開発を行うマークドバイ株式会社に，著者が行ったインタビューで取締役の村田晃華氏は，「支持を得るインスタグラマーには「統一感」が求められている」と述べる。つまり，カタログのように閲覧できることが求められているのだ。

　さらに読者モデルは，ソーシャルメディアと時期を同じくして重要度を高めている「プチプラ」ファッションと元来相性がよい。こういったファストファッションはそもそもブランドイメージの重要性は相対的に低く，着用感や着まわしのしやすさといった現実的な情報こそ必要となる。『読モリアルライフ』による調査でも，同書が発行された2011年頃は，ユニクロであることが他人にわかってしまう「ユニバレ」という言葉があるほどユニクロやGUの着用が消極的に捉えられており，また商品の変動が激しいファストファッションは雑誌のスタイリングに起用されることはほとんどなかったにもかかわらず，彼女たちが好きなブランドにはZARA，Forever 21，H&Mとファストファッションが挙げられていた。2015年頃から主要なファッション誌でもユニクロやGUが取り上げられるようになるが（米澤, 2018），情報量や即時性ではソーシャルメディアでの情報発信の重要度が高い。また大手のファストファッションだけではなく，「プチプラ」はインターネット販売が支えている部分も大きい。楽天やBASE，もしくはEC販売のみのショップの増加は著しく，2017年に経済産業省が実施した調査[3]ではアパレル部門

のEC化率は10％を突破し，物販系分野で最大の規模となっている。このような通販サイトが著しく増加するなかで，インフルエンサーはショップの存在自体を伝え，通信販売では実際に手に取ることのできない商品の情報を与えるカタログとなっているのだ。

　このようにソーシャルメディア上では，かつて読者モデルが担っていた，現実的な情報を発信するという役割の重要度が増している。流行をどう取り入れるかだけではなく，どこで購入するとよい品が安く入手できるか，自分の体型ではどう着用するべきかといった具体的な情報を示すカタログとして，インフルエンサーはその役割を強化しているのだ。

4 おわりに：夢から醒めたファッションの消費，その象徴としてのインフルエンサー

　読者モデルもインフルエンサーもともに，「身近な」ファッションアイコンとして現実的なファッションの楽しみ方，着こなしの手本という役割を担っていた。一方で，読者モデルが雑誌の理想像やブランドイメージといったファッションの幻影，すなわちイメージを前提として役割が成立していたのに対し，インフルエンサーは安くてもよい「モノ」に立脚している。

　しかしこれは，日本のインフルエンサーが欧米のブロガーのように，権威に対抗する能動的な主体，既存の「価値」のシステムと対抗する存在であるということを意味するわけではない。読者モデルの「身近さ」というのは，既存の産業構造に対抗する新たな価値の主体的な提示ではなく，むしろ送り手側が消費を促すために創出

---

3) 経済産業省 (2017).「平成28年度 我が国におけるデータ駆動型社会に係る基盤整備（電子商取引に関する市場調査）」

された存在であった。日本のファッション文化は,「誰もが——女子大生もOLも主婦もキャバクラ嬢も——同じものを欲しがっている」(米澤, 2010：24) というある種の均質性をもつといわれている。ゆえに日本においては,「身近な」ファッションアイコンというのはオルタナティブを提示する対抗の手段ではなく,消費を創出する手段であった。それゆえインフルエンサーも,今日のファストファッションやソーシャルメディアを活用して楽しむ手本を示し,消費を促進する役割にあるといえる。

　今日の彼女たちは,ハッシュタグやキーワードを設定して「ユニクロきれいめ部」「のっぽコーデ部」といった緩やかなまとまりをつくり牽引している。そして,同じアイテムでも自分らしいスタイルを表現する手本を示しているのだ。前述のマークドバイ株式会社代表取締役である大久保遼氏は,この小さなまとまりを「スモールユニットエコノミー」と呼び,新たなビジネスモデルと位置づけている。インフルエンサーたちは,今日の夢から醒めたファッションの消費の象徴であるといえる。そして新たな楽しみ方や消費を生む仕掛けでもある。このメカニズムは今後,さらに分析していく必要があるだろう。

●ディスカッションのために
1　読者モデルとはどのような役割を担ってきたのか。本章の言葉を用いて説明してみよう。
2　インフルエンサーの担っている役割とは何か。1との違いを考えながら,本章の言葉を用いて説明してみよう。
3　周囲の人と1,2を踏まえてファッション以外のジャンルでもよく似た事例がないか,何がどう似ているのか,一緒に考えてみよう。

●引用・参考文献

ヴェブレン, T. ／高 哲夫［訳］(1998).『有閑階級の理論―制度の進化に関する経済学的研究』筑摩書房 (Veblen, T. (1899). *The theory of the leisure class: An economic study in the evolution of institutions*. New York: Macmillan.)

佐々木考侍 (2012).「雑誌モデル・ファンのエスノグラフィー―「読書」空間とガールズイベントをめぐる経験から」『マス・コミュニケーション』*81*, 163-180.

読モ研究委員会 (2011).『読モ リアルライフ』実業之日本社

富川淳子 (2015).『ファッション誌をひもとく』北樹出版

難波功士 (2007).『族の系譜学―ユース・サブカルチャーズの戦後史』青弓社

バルト, R. ／鈴木信夫［訳］(1972).『モードの体系―その言語表現による記号学的分析』みすず書房 (Barthes, R. (1967). *Système de la mode*. Paris: Éditions du Seuil.)

ブローデル, F. ／村上光彦［訳］(1985).『日常性の構造 1』みすず書房 (Braudel, F. (1979). *Les structures du quotidien: Le possible et l'impossible*. Paris: Armand Colin.)

ペティ, F. ／栗山信輔［訳］(2017).「ファッション誌のこれから」〈https://i-d.vice.com/jp/article/wj5beq/where-next-for-the-fashion-magazine (最終閲覧日：2018 年 4 月 30 日)〉

米澤 泉 (2010).『私に萌える女たち』講談社

米澤 泉 (2018).『くらしの時代―ファッションからライフスタイルへ』勁草書房

Bartlett, D., Cole, S., & Rocamora, A. (eds.) (2013). *Fashion media: Past and future*. London: Bloomsbury.

Gibson, P. C. (2012). *Fashion and celebrity culture*. Oxford: Berg.

Mora, E., & Rocamora, A. (2015). Letter from the editors: Analyzing fashion blogs: Further avenues for research. *Fashion Theory, 19*(2), 149-156.

Rocamora, A. (2015). *Pierre Bourdieu: The field of fashion, thinking through fashion: A guide to key theorists,* London: I. B. Tauris.

第Ⅲ部　人・モノ・場所の表象

第 8 章　越境・多層化する「アイドル」
　　　　人・物・場所の「アイドル」メディア論

第 9 章　ほつれ，つむがれるなかで
　　　　「人はメディアになる」
　　　　身体文化実践としてのよさこい踊りから

第 10 章　ラブドールはガラテアの夢を見るか
　　　　メディアとしての，メディアのなかのラブドール

第Ⅲ部「人・モノ・場所の表象」には，以下の3章が収録されている。これらは，それぞれ，広い意味での「人間」に着目して，それがいかなる存在として現実空間，情報空間，虚構空間で表象されるか，そして，それはどのように読み解くことができるのかという問題に迫っている。

　第8章「越境・多層化する「アイドル」」（田島悠来）では，メディア環境の変遷にともなって，アイドルのあり方や，アイドルとファンの関係性が，いかに変化してきたかを論じている。マス・コミュニケーションの送り手／受け手という二項対立的図式を乗り越えたうえで，「アイドル」を多角的に分析する視座が提供されている。これは，「アイドル的なもの」全般への応用が可能なものである。

　第9章「ほつれ，つむがれるなかで「人はメディアになる」」（ケイン樹里安）では，よさこい踊りにまつわる「人がメディアになる」状況の分析が行われる。ある男性の踊り子が引退する際に現出したSNSと現実空間が循環するコミュニケーション，女性の踊り子の顔写真とセリフによるLINEスタンプ，そして，よさこいを踊ることそのもの，これらを考察することで，人間関係の「ほつれ」や「つむがれ」のなかで顔を出す人間のメディア性を明らかにしている。

　第10章「ラブドールはガラテアの夢を見るか」（関根麻里恵）では，人間の似姿をした「人形」，特に，疑似性交人形である「ラブドール」に注目する。その歴史的概略や社会的広がりを整理したうえで，映画『ラースと，その彼女』を中心にさまざまな映像表現の分析を行い，人と非人間とのコミュニケーションについて論を深めていく。

第8章

越境・多層化する「アイドル」
人・物・場所の「アイドル」メディア論
田島悠来

AKB グループに坂道シリーズ，ジャニーズや LDH, K-POP から，ご当地アイドル，地下アイドル，声優，スポーツ選手……。現代日本の社会には，ファ

Google の「アイドル」の検索結果*

ンが熱いまなざしを向ける対象として，ありとあらゆる「アイドル」が存在している。そして私たちの日常には，「アイドル」に関する情報やコンテンツが溢れている。それは，テレビや雑誌，ラジオといったマス・メディアだけではなく，インターネット上の個々のホームページやブログ，Twitter や Facebook, Instagram などの SNS，モバイル端末用アプリといったソーシャルメディアを通しても伝播されている。ソーシャルメディアが普及した今，メディアと人との関係性が変容するなかで，メディアと深く結びついた「アイドル」からみえる社会の様相もまた複雑化している。本章ではそうした状況について論じる。

*https://www.google.co.jp/search?safe=off&source=hp&ei=JhJXW7HnCpnr-QaUtpSYBA&q= アイドル（最終閲覧日：2018 年 7 月 24 日）

1 「アイドル」の〈メディア性〉

❖メディア文化としての「アイドル」

「アイドル」文化の歴史を紐解けば、それは、メディアの発展と不可分の関係にあった。そもそも「アイドル」という存在が生まれてきた背景には、映画からテレビへという、大衆（多くの人びと）が接するメインメディアの変容がある。E. モラン（1976）や稲増（1989）が指摘するように、映画館でしか会えない銀幕の「スター（俳優、女優）」は、受容者にとって、雲の上の、非日常的で神格化された存在、すなわちカリスマであり、会うためには映画館に通うという見る側の能動的な行為が必要とされた。

だが、テレビが普及していくなかで、メディアの登場人物たちは日常的なメディア環境に組み込まれていくことで、脱神格化がなされ、同時に、見る行為自体も受動性を帯びていく。

特に、日本においては、1970年代にカラーテレビが一般家庭に広まり、メディア業界と芸能プロダクションが協働して若い歌手を発掘するオーディション番組や歌番組、音楽賞といった若年層向け音楽コンテンツが隆盛していったことで、クラスメイトや隣の女の子／男の子のような、近しく親しい同年代感覚で接する擬似的仲間（小川, 1988）としての「アイドル」（その多くは歌手）が醸成されていくことになる。同時代に最盛期を迎えた『明星』（集英社）、『平凡』（平凡出版）の「アイドル誌」を通じてこうした感覚が再生産、補強されていったのである（阪本, 2008；田島, 2017）。

このように、「アイドル」文化は、当初よりメディアのなかで生み出され、メディアを通じた当事者間のコミュニケーションによって育まれてきたものであることからもメディアとの関わりは深いといえよう。その意味で、「アイドル」は一種のメディア文化として捉えることができるのである。

❖固定化されたコミュニケーションの限界

　ただし，ここでの当事者間のコミュニケーションが想定していたのは，メディアに従事する者（テレビ局，出版社，芸能プロダクション）である情報の送り手と，その受け手としての視聴者や読者（ファン）という二項対立，つまり，テレビや雑誌といったマス・コミュニケーションにおける関わり方を踏襲するものであった。「送り手／受け手」という当事者の役割はある程度固定化されており，それが交換される可能性は低い。また，「アイドル」に関する情報はあくまでマス・メディアが媒介するものであるという発想が根強いため，「アイドル」本人の主体性の欠如が強調され，その受動的な姿に焦点を当ててきたきらいがある。「アイドル」自身や「アイドル」が表象する世界は，作り手（プロデュースする）側により過度な演出や脚色が施されたものであり，「アイドル」はあくまで操り人形であるとの見方がなされていたのである。加えて，ファンと「アイドル」との関係性もまた，「見る／見られる」の一方的なものとして，そのまなざしが固定化されていることが問題視され，異性（受容者）の理想的な幻影として機能すること，「男子向け」「女子向け」とジェンダーカテゴリーに区分することで，「男らしさ」や「女らしさ」のステレオタイプを助長する可能性があることなどが，ジェンダー研究の批判の的になってきた（小倉, 1989；田島, 2016b）。

　しかし，本章扉文に記したように，近年では，ソーシャルメディアの発展によって「送り手／受け手」が容易に峻別できない状況が生まれており，ファンと「アイドル」の関係性もまた，一枚岩とはいえなくなってきている。ここに「アイドル」をめぐるコミュニケーション形態が固定化されているという考え方の限界が浮かび上がってこよう。

❖ 情報の媒介者／発信者／コンテンツクリエイターとして

　個々の人物としての「アイドル」に目を向けてみれば，「アイドル」とは，多くの場合がメディアの世界の登場人物であり[1]，メディア的な存在，西（2017）によれば「メディア的形象」である。「メディア的形象」とは，「メディアでよく取り上げられる人」のことを指しているが，「メディア的」という言葉は，単にメディアに登場するという意味をもつだけではなく，人々を媒介するもの（つなぐもの）になることを含意する（西，2017：3）。「アイドル」自身が媒介者であるというこうした観点に立てば，「アイドル」という存在自体がメディアであると位置づけられる。R. ドブレ（1999）は情報の媒介を使命とする者を指して「ホメディウム（homedium）」とするが，「アイドル」はまさに「ホメディウム」として情報やメッセージを媒介する作用（媒介作用）をもつ。

　そして，グループないし個人単位でSNSのアカウントをもち，ブログや動画配信／投稿サイト・サービス・アプリを用い，マス・メディアを介さずに自ら情報を発信することが技術的に可能になった現代の「アイドル」からは，「送り手／受け手」を超え，ユーザー（使い手）としてメディアに接する姿が浮き彫りとなる。こうしたユーザーによって作られていくコンテンツはUGC（User Generated Content）と呼ばれ，そのUGCによって形成されたウェブサービスのことをCGM（Consumer Generated Media）と呼んでいる（永井，2011）。したがって「アイドル」はコンテンツを創造するクリエイターとしても活躍していることにもなる。

　このように「アイドル」は，情報の媒介者であり，発信者であり，コンテンツのクリエイターであるという視点に依拠することで，主体性を欠いた受動的な存在であるという見方で議論されてきた際に

---

[1] メディアの登場人物以外の「アイドル」も想定される。詳しくは後述。

は看過されてしまう，現代に特有の諸相を捉えることができるのではないかと思われる。

✣「アイドルコンテンツ」というテクスト

　「アイドル」に関連したコンテンツ群（「アイドルコンテンツ」とする）は，映画，テレビ番組（音楽番組，バラエティー番組，テレビドラマなど），ラジオ番組，雑誌という従来のマス4媒体に加え，オンライン上のコンテンツ（ウェブコンテンツ），そして，ライブエンターテインメントに至るまで多岐にわたり，これらが横断的に組み合わされメディア文化としての「アイドル」が構成されていく。

　J.フィスク（1996）は，テレビ番組＝「テクスト」[2]を分析する過程で，テクストには，第一次テクスト（テレビ番組そのもの），第二次テクスト（そのテレビ番組についてのプロモーション番組，記事，批評），第三次テクスト（視聴者の反応，会話，投稿・投書）の三つのレベルがあり，これら異なるレベルのテクスト間の相互作用で番組が成り立っていることを指摘する。これはテレビ番組に限らず，あらゆるコンテンツに当てはめることができ，ウェブコンテンツの存在により状況はさらに複雑化している。フィスクのこの指摘を「アイドルコンテンツ」に援用すると，第一次テクストのレベルで，特に過去のものについては，資料／史料保存などの問題から十分に研究対象として分析の俎上に載せられてきたとは言い難い。それゆえ，「アイドル研究」＝マニアックなもの，つまり，希少な資料／史料を独占的に有した一部の愛好家のみに開かれたテクストとして，クローズドな分野と認識される傾向が強いことは否定できない。

　ただし，昨今の「アイドルブーム」によって過去の「アイドル」

---

[2] ここでいわれる「テクスト」とは，意味が不確定であり，見る者の解読によって完成する開かれたものである。

に再び光が当たり，過去のコンテンツがパッケージ化される機会が増えたことで[3]，「アイドルコンテンツ」がよりオープンなテクストになりつつあり，ソーシャルメディアがこれを後押ししている部分もある。このようにして，「アイドル」文化の歴史的側面が顕在化することで，「アイドル」もファンも，今を語るうえでの参照軸として過去の「アイドル」を据えるようになっている[4]。

　以上から，「アイドルコンテンツ」をめぐるテクストを分析していくにあたっては，現在過去の諸メディウム同士（個々のメディアや「アイドル」）や諸テクスト同士が分かち難く結びつき，「アイドル」に関するリアリティ形成が日々行われていること，つまり，「アイドル」の〈メディア性〉を念頭に置き，いつの時代のどこで誰が「アイドル」を論じていくのか，すなわちそのコンテクストを意識していくことも同時に求められるといえる。以降，このことを踏まえ，人，物，場所という三つの射程から現代の「アイドル」をめぐる動向について具体的事象を挙げながら整理していく。

2 「アイドル」＝人の射程

❖「アイドル」＝人をめぐる定義

　「アイドル」を定義する際には，「アイドル」＝人という視点に立つことがベースとなってきた。たとえば，香月（2014）は，「女性アイドル」について論じるなかで，「アイドル」という言葉に込められた語義を，「偶像崇拝としてのアイドル」「「魅力」が「実力」

---

[3] 『ザ・ベストテン山口百恵完全保存版 DVD BOX』や『山口百恵 in 夜のヒットスタジオ［DVD］』など，個別の「アイドル」単位で過去の歌番組のパッケージ版が発売されはじめている。

[4] たとえば AKB48 の柏木由紀は，理想の「アイドル」として，松田聖子や松浦亜弥を挙げている〈https://natalie.mu/music/pp/kashiwagiyuki/page/2（最終閲覧日：2018 年 4 月 30 日）〉。

に優るものとしてのアイドル」「ジャンルとしてのアイドル」の三つに分類する（香月, 2014：26）。前二者は，政治家，スポーツ選手，さらには日常生活において職場や学校で出会う人に至るまで多種多様で，メディアの登場人物である必要はないことになる。

　一方，「ジャンルとしてのアイドル」に関しては，時代の推移により流動的なものであることが述べられつつも，「歌やダンスを形式的な本分とする人々，とりわけグループアイドルを中心とする枠組み」（香月, 2014：35），すなわち芸能ジャンルとして今日イメージされるものを指し，本章における「アイドル」もこれに該当することになろう。一定の上演形式が定められているために，名乗りを上げれば誰でも参入可能であるとみなされている（香月, 2014：119）ように，「アイドル」の型が定着したことで，「アイドル」になることのハードルは低下し，だからこそ「ご当地アイドル」や「地下アイドル」といった大手芸能プロダクションに所属しない素人に近い「アイドル」が成立しうるようになったのである。

❖「アイドル」の型

　では，こうした「アイドル」の型はいかにして作られているのだろうか。それは一朝一夕になされたものではなく，「アイドル」文化の歴史のなかで蓄積されてきたものである。まず，「アイドル」＝「歌手」であることが一般化していくのは「アイドル」文化の黎明期にあたる1970年代であるし，「歌って踊る」ことについても，70年代の単純な手の振りがその始まりである。また，グループアイドルという形態についても，70年代のピンク・レディーやキャンディーズに端を発し今に至るという流れがある。「アイドル」の型については，それ自体が一つの重大な研究テーマになりうるもので，今後詳細な分析が待たれる。

　一方，過去の型を踏襲しながらも，新しい事象として脚光を浴び

る例もある。その一つとして2017年に話題を呼んだ大阪府立登美丘高校ダンス部による「バブリーダンス」がある。これは、荻野目洋子のヒット曲『ダンシング・ヒーロー（Eat You up）』（1985年）に乗せて、バブル時代を彷彿とさせる髪型、メイク、ファッションに身を包み[5]、キレのあるダンスをグループ単位で披露したもので、2017年9月にYouTube上にアップされた動画コンテンツは、現在（2018年4月）までに視聴回数が5462万に達している[6]。

　これは、過去から現在までの「アイドル」の型に関わる諸要素を参照軸にしながらも、新しいメディアと組み合わせ（ブリコラージュ）[7]たことにより、現代的なコンテクストのもとであたかも新しいテクストのように表出した事例であるといえる。

　さらに、「アイドル」＝人は今や実在する人間（3次元）に留まらず、初音ミクや「アイドル」を題材としたアニメのキャラクターなどヴァーチャルな存在（2次元）、そして声優や2次元作品のミュージカル版に出演する俳優など両者の中間的な存在（2.5次元）といった具合に、メディア空間を越えていく。赤塚不二夫の人気マンガ『おそ松くん』を現代のコンテクストに置き換えて登場人物のその後を描いたアニメ『おそ松さん』（第一期2015年10月〜2016年3月、第二期2017年10月〜2018年3月、テレビ東京系）の第二期放送を記念して、主人公である六つ子に扮する男性声優6人を表紙に起用した『ダ・

5）こうしたバブル時代の風俗を織り交ぜた芸（ネタ）は、平野ノラが先駆的に取り入れており、これは登美丘高校ダンス部のパフォーマンスにおいても参照、引用されている。

6）【TDC】バブリーダンス　登美丘高校ダンス部 Tomioka Dance Club 〈https://www.youtube.com/watch?time_continue=2&v=Lxr9tvYUHcg（最終閲覧日：2018年4月30日）〉

7）「ブリコラージュ」とは、構造人類学者のレヴィ=ストロースの提示した概念で、元来「器用仕事」を指し、あり合わせのものをうまく組み合わせて別の意味を再構成していくことを表している。

ヴィンチ』(KADOKAWA)2017年11月号は,発売直後に完売,異例の緊急重版が決定しており[8],熱狂的なファンの存在を裏づけている。これは,現代の「アイドル」を語るうえで無視できない現象であるとともに,「アイドル」の型を方向づける準拠対象として,2次元,2.5次元の「アイドル」をも視野に入れる必要性を想起させる[9]。

❖ファンと「アイドル」を介在するまなざし

　香月(2014)の定義においてもいえるように,何をもって「アイドル」とするのかということは,見る側の解釈に委ねられる部分が大きい[10]。つまり,「アイドル」とは,それを「アイドルである」とみなす受容者の存在があって初めて成立するものであり,そのためには愛好する者,ファンが必要となる。

　太田(2011)によれば,ファンが「アイドル」に向けるまなざしには二つの種類があるという。すなわち,①「アイドル」が成長していく過程を見届けることで育まれる愛着の視線,そして,②批評的な視線である。特に②については,テレビのオーディション番組でメディア業界人が「アイドル」を審査する,いわば舞台裏が暴かれたことにより,ファンが学習したものとされている。ただし,愛着があるからこそ批判するのだと述べられるように,二つの視線は

---

8)「『おそ松さん』6つ子声優が表紙を飾った『ダ・ヴィンチ』11月号,発売5日で完売状態＆異例の緊急重版決定！」〈https://ddnavi.com/news/406155/a/ (最終閲覧日：2018年4月30日)〉
9)『ユリイカ』2016年9月臨時増刊号では,「総特集☆アニメアイドル—『アイドルマスター』『ラブライブ！』『アイカツ！』,そして『KING OF PRISM by PrettyRhythm』二次元アイドルのスターダム」と題し,2次元の「アイドル」の特集が組まれている。
10) 香月は,見る側がどの語義に基づいて「アイドル」と口にしているのかが明確化されることなくこれらが一緒くたに語られることにより,想起される対象や範疇やその人物に託されるイメージが錯綜していることを問題化している(香月,2014：49)。

表裏一体な関係にある。

　いずれにしてもここでは「アイドル的なものの見方」なるもの，すなわちそのまなざしがファンと「アイドル」との関係性を決定づける重要なファクターとみなされている。しかし，すでに述べた通り，ファンと「アイドル」の間柄は，「見る／見られる」の一元的なものとは限らない。筆者が参与観察を実施した日本最大規模の「アイドル」イベントTokyo Idol Festival 2017（以下，TIF）[11]では，単に「アイドル」のパフォーマンスを見るのではなく，オタ芸を披露したり，振りを完全コピー（完コピ）して一心不乱に踊ったりと，自らパフォーマーのような振る舞いをみせるファンの多様なあり方が観察された。こうした姿は目の前でパフォーマンスする「アイドル」に見られ，また，会場に居合わせた他のファンにも見られるという多層化したまなざしにさらされている。「女性アイドル」と男性来場者が大半を占めるなか，異性の「アイドル」になりきって歌って踊る身体は，ジェンダーを越えたパフォーマンスを示唆するものであり，こうしたあり方は，一つにはライブエンターテイメントの隆盛により可視化され，またもう一つには，動画投稿サイト・サービスで多くみられる，素人が完コピダンスを動画コンテンツとして投稿する「躍ってみた」に影響を受けていることが推測される。この点については，聞き取り調査などにより実証的に要因を探る必要があろう。

---

11) 2010年から開始し，8回目となる本イベント（2017年8月4日から6日の3日間にわたり東京お台場で開催）には総勢233組ものアイドルが出演し，来場者数は3日間で8万1,378名と過去最大となった。

3 「アイドル」に関わる物，場所の射程

❖物の消費者から物語創造の担い手へ

ここでは，「アイドル」関連の商品（グッズ）に目を向けてみよう。ファンは特定の「アイドル」への愛着の表明の一つとして，「アイドル」に関わる品々を消費することをファンならではの行為としてきた。古くはマルベル堂のブロマイド（肖像写真）から，ポスターやTシャツ，タオル，クッションなど，現在ではありとあらゆる種類のグッズが存在する。なかには同じグッズを複数個購入する者や入手のために多大な時間および金額を費やす者もおり，そうした特殊な消費のありさまから，「アイドル」関連商品は「オタク」市場の範疇に組み込まれている[12]。

「ジャンルとしてのアイドル」が「歌っておどる」上演形式を基盤にしていることから，それをパッケージ化したCDやDVD，BD（Blu-ray Disc）は「アイドル」関連商品の要となる。しかし昨今は音楽市場の縮小により，かつてのようにCDの売上が期待できなくなった。他方で，AKB48グループのように，CDにメンバーと直接的に触れ合える握手権や選抜総選挙の投票権を付けて販売することで，100万枚以上の売上をいまだ維持している例もある。これは，「AKB商法」という名のもとに（さやわか，2013）「ファンはあくまで握手権や投票権がほしいだけでAKBの音楽は聴いていない」との非難を受けてきた。しかし，こうした消費を単なる物の消費ではなく，その先にある「アイドル」とのコミュニケーションを促進させるツールであると考えるならば，消費のあり方の変容という別の局

---

12) 矢野経済研究所では，国内の「オタク」市場（一定数のコアユーザーを有するとみられ，「オタクの聖地」である秋葉原などで扱われることが比較的多いコンテンツや物販，サービスなど）に関する調査の項目に「アイドル」関連商品を含んでいる。

面から捉え直すことが可能となる。さらには、そうした消費を「アイドル」が紡ぐ物語を共有する行為、つまりは、「コト消費」[13]と位置づけたならば、ファンを単なる消費者（サービスを受けるお客様）ではなく、「アイドルコンテンツ」を創造する担い手と読み替えることにもつながっていく。

❖ 場所をめぐる諸相

最後に、「アイドル」の存在する場所について言及を加えておこう。たびたび指摘した通り、ソーシャルメディアの普及に伴って、メディア＝マス・メディアの構図は自明ではなくなり、東京を中心にした都市空間であることもアイドルが存在する場の絶対条件ではなくなりつつある。「ご当地アイドルブーム」（田島, 2016a）がまさにそれを物語る。「ご当地アイドル」は特定の地域と強く結びつくことで物理的な空間の定位を意味しているようでいて、他方、ソーシャルメディアを使用することで、メディア空間を自由に行き来していることになる。こうした精神的な距離の移動を念頭に置けば、「アイドル」は今や多様な空間を越境する存在となっている。

加えて、ファンの存在する場所についても、特に「男性アイドル」の高年齢化も相まってファンの年齢層も上昇しており、「アイドル」文化は若者文化に収まりきれるものではもはやない。また、「アイドル」を受容する者は国内外を問わず存在し、熱狂度の濃淡はありつつも、その数は一部の限られた層に限定できるものともいえず、一種のオタク文化として捉えるのみでは十分な議論は蓄積できない

---

13) 各所で「コト消費」が議論されているが、なかでも、『「コト消費」の嘘』（川上, 2017）の著者である川上徹也は、「コト消費」の着想を得たのは、新潟県の「ご当地アイドル」Negiccoとの出会いがきっかけとなっていると述べており、「コト消費」と「アイドル」の成長物語を受容するファンとの親和性がここに垣間みえる。

だろう。国家主導で展開されるクールジャパン戦略において，国家ブランド力向上のために「アイドル」文化が活用されている様子からは，「アイドル」文化のサブではない主流な様相を内外に印象づけている。「アイドル」が語られる場所は今後もますます拡大していくと考えられる。

4 おわりに

　本章では，「アイドル」の有する〈メディア性〉について触れたうえで，人・物・場所という三つの射程から現代の「アイドル」文化をみつめ，「アイドル」をめぐる越境や多層化をキーワードにして，「アイドル」研究の新たな可能性について論じた。しかしここで留意するべきは，「アイドル」研究の射程が拡大し，「アイドルコンテンツ」がより開かれたテクストとして分析の俎上に置かれるようになったとしても，それがすべての「アイドル」を語る人々の間で共有されるものではない点である。それは，開かれたテクストであるゆえに多様な解釈を生むことを意味しており，だからこそ，コンテクストを意識することが求められるのである。

　そして，「アイドル」やファンの主体性を強調しすぎ，「アイドル」文化に傾倒することで既存の社会システムや経済秩序のなかに組み込まれ，不当な労働や搾取，ヘゲモニックなジェンダー規範の再生産を結果論的に行っていることについて無自覚に陥らないよう，細心の注意を払うべきであろう。

●ディスカッションのために
1　アイドルについて「人」の観点から本章の記述を整理してみよう。
2　アイドルについて「物」「場所」の観点から本章の記述を整理してみよう。
3　本章で紹介されたもの以外で，アイドルについて，「人」「物」「場所」の観点から研究，分析する切り口を考えてみよう。

●引用・参考文献

稲増龍夫（1989）.『アイドル工学』筑摩書房
太田省一（2011）.『アイドル進化論―南沙織から初音ミク，AKB48まで』筑摩書房
小川博司（1988）.『音楽する社会』勁草書房
小倉千加子（1989）.『松田聖子論』飛鳥新社
川上徹也（2017）.『「コト消費」の嘘』KADOKAWA
香月孝史（2014）.『「アイドル」の読み方―混乱する「語り」を問う』青弓社
阪本博志（2008）.『『平凡』の時代―1950年代の大衆娯楽雑誌と若者たち』昭和堂
さやわか（2013）.『AKB商法とは何だったのか』大洋図書
田島悠来（2016a）.「「アイドル」文化を活用した地域振興に関する一考察―「ご当地アイドル」のパフォーマンスを事例に」『評論・社会科学』*119*, 19-40.
田島悠来（2016b）.「日本の「アイドル誌」におけるジェンダー非対称性―読者ページの変遷の分析から」『日本ジェンダー研究』*19*, 105-119.
田島悠来（2017）.『「アイドル」のメディア史―『明星』とヤングの70年代』森話社
永井純一（2011）.「デジタルメディアで創作する」土橋臣吾・南田勝也・辻 泉［著］『デジタルメディアの社会学―問題を発見し，可能性を探る』北樹出版, pp.171-185.
ドブレ, R.／西垣 通［監修］／嶋崎正樹［訳］（1999）.『メディオロジー宣言』NTT出版（Debray, R. (1994). *Manifestes médiologiques*. Paris: Gallimard.）
永井純一（2011）.「デジタルメディアで創作する」土橋臣吾・南田勝也・辻 泉［編］『デジタルメディアの社会学 問題を発見し，可能性を探る』北樹出版, pp.171-185.
西 兼志（2017）.『アイドル／メディア論講義』東京大学出版会
フィスク, J.／伊藤 守・藤田真文・常木暎生・吉岡 至・小林直毅・高橋 徹［訳］（1996）.『テレビジョンカルチャー―ポピュラー文化の政治学』梓出版社（Fisk, J. (1988). *Television culture: Popular pleasures and politics*. London: Routledge.）
モラン, E.／渡辺 淳・山崎正巳［訳］（1976）.『スター』法政大学出版局（Morin, E. (1957). *Les stars*. Paris: Seuil.）

第9章

ほつれ，つむがれるなかで「人はメディアになる」

身体文化実践としてのよさこい踊りから
ケイン樹里安

「親指持ち」で鳴子を持つ踊り子たち（練習中に撮影）

「人がメディアになる」とはどのような状況なのだろうか。本章の目的は，半世紀ほどの歴史をもつ身体文化実践である「よさこい踊り」をめぐる人々の行為から，「人がメディアになる」状況についての考察を試みることである。高知から日本全国へ，そして世界各地へと伝播したよさこい。木製の打楽器である鳴子を手に持ち，和風を基調とした衣装と音楽で，多くがアマチュアの踊り子が舞い踊るよさこい。ここから何がみえてくるのだろうか。

1 ほつれゆくなかで，人はメディアになる

2017年10月11日に，ある踊り子が以下のような投稿をFacebook上で行った。「僕は今年いっぱいで＊＊を辞めます。来年から始まる実習や就活やその準備をするためです。直接報告が出来なかった人には申し訳ありません」。10年近く，あるよさこいチームで踊り続け，ときにはセンターに立つこともあった男性の踊り子による突然の「卒業宣言」である。実習や就活という，自らのライフステージの変化にともなって，平日の練習や休日の祭りに参加し続けることが困難になると考えた末での決断である。投稿には，華麗に舞う姿が収められた写真が添えられていた。

投稿直後に，瞬く間にコメント欄が埋まり，あっという間にさまざまなソーシャルメディア上で拡散されていく。よさこいの踊り子は，ときに非常に身近な「会いに行けるアイドル」かのような存在になることがすでに指摘されてきた（ケイン，2018）。彼はまさしく関西圏のよさこい界における「アイドル」の一人であった。祭り会場での立ち振るまいだけではなく，コメント欄に寄せられる悲鳴のような書き込みに一つひとつ礼儀正しく返答を行うさまを含めて，そして自身の「卒業公演」の日時を告知することを含めて，まさしく「アイドル」としての振る舞いを徹底していた。さて，彼の投稿からほどなくして，筆者のFacebookやInstagram，Twitterは彼の動画像で溢れかえった。各ソーシャルメディア上では，チームメイトや他のチームの踊り子による彼との個人的な思い出の開陳に留まらず，彼をフレームに収め続けてきたカメラマンたちによる名場面集の公開などが行われた。そして，彼の「卒業公演」となったイベントには，当該のイベントに参加していないチームの踊り子をも含めて，大勢のよさこい関係者がつめかけ，彼と記念撮影を行い，その写真をそれぞれがソーシャルメディア上にアップするというオフ

ラインとオンラインが循環する状況になった。よさこい踊りという身体文化実践に魅せられた大勢の人々のコミュニケーションの触媒となり、オンラインでもオフラインでもやりとりの仲立ちとなり、そのたびに情報やイメージを伝達する／される存在となった彼は、あたかも諸媒体(メディア)の一つであるかのようだった。彼は「人がメディアになる」状況を体現していたのである。

図9-1 「会いに行けるアイドル」の「卒業宣言」

　さて、かつてベンヤミンは複製技術によって、アウラ——事物の礼拝的な価値——は失われ、人々はより対等な関係性を築く機会を手にすると指摘していた（ベンヤミン, 1995）。だが、人々がスマートフォンやタブレット端末を片手に動画像を気軽に撮影し、ソーシャルメディア上に共有する現代においては、むしろ、人々は対等な関係性よりも、新たに非対称な関係を志向し、特定の人物に積極的にアウラをまとわせ、仰ぎ見ること自体を楽しむ振る舞いをみせるという（加藤, 2016）。具体的には、「会いに行けるアイドル」やそのファン、さらには「セルフィー（自撮り）」を実践する人々が挙げられる。

　上記の議論を補助線にしたうえで、再び「卒業宣言」について考えれば、人々は自ら、あるいは他者によってアウラをまとい、まとわされることで、「人がメディアになる」状況を立ち上げるといえるのではないだろうか。そして、それは「卒業」という、よさこ

い踊りという趣味を介した人間関係がほつれゆくときでさえ,いや,むしろ,ほつれゆくときだからこそ,いっそう劇的な形で,「人がメディアになる」状況が出現するのである。

❷ 非日常が日常と結び合わさるなかで,人はメディアになる

2017年11月17日にあるLINEスタンプの制作・発売が発表された。女性の踊り子の顔写真と「上手い下手じゃない心よ!」といった,いかにも本人が発しそうな決め台詞が共におさめられたLINEスタンプである。あまりにも鮮やかな,文字通り「人がメディアになる」状況の登場である。

SUGA JAZZ DANCE STUDIOという,よさこい踊りの歴史に大きな影響をもたらした國友須賀という振付師の名を冠したジャズダンススタジオによって制作されたものである。彼女の息子であり,同スタジオの現取締役社長である國友悠一朗氏によれば,「自分たちの内輪で使いたいなぁと,ファンが使ってくれるかなー? 自分も使いたいなぁ。そんな軽い気持ちで,まずは第一弾目はそれほどクオリティも意識せず(笑)」作ったものであるという(2017年11月18日,Facebookメッセンジャーでのやりとり)。現在は8種類だが「まだ世に出していないものも含めて50から60位案つくってます」という状況であるという。

國友須賀氏は,1990年代から始まるYOSAKOIソーラン祭りの成功に端を発する,よさこい踊り・祭りの全国伝播の火付け役の一人であり,よさこいの振付師として著名な人物である。上記のLINEスタンプで「上手い下手じゃない心よ!」とあるように,身体実践の技巧の優劣に固執するのではなく,まずは徹底してのめり込むように,精神的な高揚をもって踊りという身体表現に打ち込む

ことを説きつつ,難易度の高い激しい振り付けを生み出し,評価を受けるなかで「どんでもない数の振付の依頼を受けて行っていた」人物であった(同日,Facebook メッセンジャーにて)。現在でも彼女の振り付けのスタイルや心構えは大きな影響をもっており,その影響下にあるチームはしばしば「須賀系」というカテゴリーで呼ばれることがある。

図 9-2 LINE スタンプになった振付師

　さて,「人がメディアになる」という状況を考えるにあたって,踏まえるべきことの一つに,2011 年 6 月 1 日に惜しまれながら彼女がこの世を去ったということがある。すなわち,あのLINE スタンプは彼女が他界してから 6 年の時を経て,この世に誕生し,現在,多くの人々に親しまれつつ,極めて日常的なやりとりのなかで活用されているのである。

　死とは,おそらく多くの人々にとって非日常なものである。なぜなら,私たちは自らの死ぬ瞬間を直接的には感受しえないために,死がどのようなものであるかを経験的に知らないからだ。そして,身近な人物や有名人の死に直面した際に私たちが悲痛に震えるのは,何気ない日常の時空間が非日常なものへと変転するなかにおいてである。この意味において,あのLINE スタンプは彼女の死という非日常性を帯びたまま,しかし身近な日常生活のなかに埋め込まれることで,非日常と日常を結び合わせ,多くの人々のコミュニケーション——それはメディアを介したものだけでなく「須賀先生のLINE スタンプ出たの知ってた?」「え! そうなの?」という

対面的なやりとりを含めて——を可能にしているといえる。この意味において，非日常と日常が結び合わさるなかで，人々のコミュニケーションが可能となるときに，その起点となる人が「メディアになる」状況が起こるといえるだろう。

さらに，ここで思い返すべきことは，メディアという言葉には，媒体や媒介といった意味以外にも「巫女」や「霊媒」といった意味が原義的に含まれていることだ。非日常と日常をつむぎながら，人々のコミュニケーションを可能にする彼女のLINEスタンプにおいて，彼女はまさに「巫女」としての役割を担い，LINEスタンプは「霊媒」として人々の身体文化実践に寄り添い続ける彼女のメッセージを伝達するメディア・テクノロジーであるといえよう。

3 メディアと人々の身体

前節では，あるLINEスタンプの事例から「人がメディアになる」状況について検討を行った。その際，メッセージ（内容）を伝達するメディア・テクノロジーとしてLINEスタンプを捉えた。ところで，ここで思い起こすべきフレーズが二つある。メディア論の創始者，マーシャル・マクルーハンの「メディアはメッセージ」「人間の拡張」というフレーズである。マクルーハンによれば，メディアについて論じる際に注目すべきことは，伝達されるメッセージ（内容）よりも，メッセージを伝達するメディアの形式こそが，人々の身体や感覚，相互行為のありようを方向づけることであるという。さきほどのLINEスタンプを例にすれば，LINEスタンプの「上手い下手じゃない心よ！」というメッセージの内容ばかりに目を奪われるのではなく，LINEスタンプの日常的に利用される形式そのものの作用によって，國友須賀という振付師の「先生」への人々のまなざしが「アウラをまとった仰ぎ見るべき対象」から「身近で親

しい対象」へと変貌した可能性にこそ,私たちは目を向けねばならない,ということだ[1]。マクルーハンによれば,このようなメディアの形式の次元こそが,根底的な作用を人々にもたらすのだという(マクルーハン,1987)。

 上記の議論を踏まえたうえで,「人間の拡張」というフレーズについても考えていきたい。

 メディアとは「人間の拡張」,すなわち身体器官の「拡張」であるという。最もわかりやすい例はテレビである。テレ(遠隔)とビジョン(視覚)という言葉が合わさったテレビは,なるほど,私たちの遥か彼方で生じる出来事を眺めさせるメディアに他ならず,まさしく目の拡張である。マクルーハンが興味深いのは,車や衣服や兵器までも「人間の拡張」として捉える点であった。たとえば,車は足の拡張であるし,衣服は皮膚の拡張である。そして,兵器は握りこぶしの拡張に他ならない。このように考えれば,私たちの身の回りにある物体すべてがメディアであるといえてしまいそうだ。いつの間にか私たちの感覚や身のこなしや経験に深く関わっている可能性があるにもかかわらず,普段は意識されることもなく,ひそやかに生活を組み替え,「以前の身体感覚や生活スタイルに後戻りができない」という意味で重大な作用を及ぼすものは,全てがメディアだといえるかもしれない。マクルーハンの名を借りて,「メディアとしての＊＊」というタイトルで身の回りの技術について論じる誘惑に駆られてしまいそうになるほど,「メディアはメッセージ」「人間の拡張」というマクルーハンの言葉は魅惑的だ。

 だが,マクルーハンの言葉は単純にメディアのテクノロジーの次元に着目せよ,という示唆に留まるものではない。若林幹夫が注意を促すように,マクルーハンの「メディアはメッセージ」「人間の

---

1) なお,國友須賀先生ご本人はたいへん親しみやすいお人柄であった。

拡張」というフレーズは，人々が生み出した技術とその運用体制や制度が，社会のなかで移ろいながらも根づいていく過程で，いつしか「環境」となり，人々のありかたを方向づけていくという，人々とメディア環境との相互作用に注意を払うよう促しているのだ（若林, 2014）。つまり，前節までに検討した「卒業宣言」を行った「アイドル」をめぐる状況も，非日常な死と日常を結び合わせるLINEスタンプを介したやりとりも，どちらも，よさこいという身体文化における個人を起点とした文化現象であるが，人々が編み出してきたメディア環境と人々との相互作用のプロセスの積み重なりがあってこそのものである点を見過ごしてはならないのである。確かに，「卒業宣言」や死によってそれまでの関係性がほつれゆくときに，人々が編み出した現代のメディア環境が，もし別様のものであったならば，そこで生じた文化現象も別様のものが立ち現れていたかもしれない。

　では，具体的に，人々はどのようにメディア環境と相互作用を行っているのであろうか。次節ではこの点から，「人がメディアになる」といいうる状況について考えてみたい。

❹ 〈身をもって〉媒介すること

　前節までの二つの事例は，情報環境との相互作用のなかで「人がメディアになる」状況がうかがえるものであった。本節では「振り付けをつくる」ことから，「人がメディアになる」状況について考えたい。そのために，以下では，筆者の自己エスノグラフィーを引用する。

> 机に置いたパソコンに1mちょっとの長さのイヤフォンを突き刺す。椅子から立ち上がりながら，再生を押す。初めて聞いた

第9章　ほつれ，つむがれるなかで「人はメディアになる」　　145

音楽が耳に触れる。皮膚があわだち，おもわず目を閉じ，首を伸ばし，膝をまげながら，踵が地面から浮いていく。いや，むしろ，逆なのかもしれない。音楽によって恍惚とさせられたがために皮膚があわだち，目は閉じさせられ，膝は曲げさせられ，まんまと踵は浮かされたのだ。次第に拍子が早くなり，思わず首を前後に振りたくなる衝動に駆られる。だが曲としてまだ序盤だ。今から動かしていたら残りの4分弱どうなってしまうというのか。少しずつ音が早くなりながら音程が高まる。一瞬の空白（ブランク）を挟んで，完成版ならば女性ボーカルの歌声が響くであろうメロディーラインで，ピアノの音が鳴り響く。耐えきれず腕までも少しずつ浮き上がる。すでに首は前後に振って……いや振らされている。思わず片手を前方に突き出す。親指を上向きに，握りこむように手をのばす。気づけば反対側の掌も同じ形である。まぎれもなく，鳴子を持つかたち。いつから心地の良い音楽を聴いたらこの手の形をしてしまうようになったのだろう，と頭の片隅で思いながら，次第に体の動きが大きくなっていく。左足に重心を乗せながら，ゆっくりと振りかぶるように右斜め下から左斜め上と上半身をしならせる。弾みをつけ，右腕を真上に振り上げ，1拍静止したのちに，抱き抱えるように胸を閉じつつ背中を丸めていく。印象的なドラムの音に合わせ，両腕を一気に広げる。その瞬間，かすかな痛みを耳に残して，音が消える。イヤフォンが外れてしまった。耳をさすりながら，落ちたイヤフォンを拾う。（2017年5月4日）

　上記の引用は筆者が所属するチームの新曲を聴いたときの情景を大急ぎで書きつけたフィールドノートの一部を編集したものである。筆者は大阪のある「須賀系」のよさこいチームで代表を務めており，そのチームで振り付けをつくる一人である。楽曲はプロ顔負けの作

品を仕上げるアマチュア・クリエイターの方に作り続けてもらっている。何度も相談をしながら，少しずつ踊りたい曲へと仕上げていく。前出の引用部分は，最も初期の試作品が作曲家からメールで届けられた際に聴いた場面のものだ。

　先の描写は，「鳴子を握りこむように持つ」こと以外には，よさこいを踊らない人々であっても，思わずやってしまう経験と似通っているように思われる。ありきたりな言い回しをすれば「音楽によって身体が思わず動いてしまう」経験である。

　たとえば，こんな経験はないだろうか。バイトへ向かう道中で好きなアーティストの曲をかける。ちょうどサビの心地よいところで，思わず口ずさんでしまう。その瞬間を同じ時間にバイトに入る先輩に見られてしまい赤面する，といった経験だ。この「思わず口ずさんでしまう」という行為は，あなたの意志だろうか。「よし，いっちょ口ずさんでやろう」と思って口ずさんだのだろうか。おそらく違うだろう。気づけば，口ずさんでしまったに違いない。

　國分功一郎の言葉を借りれば，これは「中動態」という状態だといえる。能動的でありながらも受動的であるような，「する」と「させられる」が同時進行であるような状況で生じる実践を指す言葉である（國分, 2017）。まさしく，踊り出してしまう行為や口ずさむことは音楽を介した中動態の出現であるように思われる。

　この「する」と「させられる」が溶け合うような身体実践について，中井正一はボート競技を例に興味深い議論を展開している。中井（1930）によれば，ボート競技の「オールによって適切に水を漕ぐことでボートを進ませる」という身体実践を行う際に重要なことは，競技者の身体―オール―水―ボートとの間の機能的な連関を，いわば〈身をもって知る〉ことであるという。つまり，ある身体実践をうまくこなすには，コーチなどの教授する者からの指示や助言を適切に受け取り，頭で知識として蓄え，整理し，把握し，それか

第9章 ほつれ，つむがれるなかで「人はメディアになる」　*147*

らようやく身体を適切に動かす方途を模索するということではなく，まず，「筋肉によって味覚されるべきもの」として身体実践を捉え，試行錯誤を行うなかで「コツ」や「気合の冴え」を習得すべきだというのだ（中井, 1930：418-419）。ボート競技において，人間はオールやボートという技術を意のままに操っているわけではないのである。あくまでも水の抵抗などを感じ取りながら〈身をもって〉試行錯誤を繰り返し，オールを漕ぐという身体実践を次第に達成するのだ。言い換えれば，オールやボートや水に「そのように，させられる」なかで，うまくオールを漕ぐという身体実践が初めて可能となるのである。

　北田暁大が指摘するように，中井の議論は，個々人の「身体的投企」から，つまり，人間の身体をある状況に投げ込まれたアクターとして捉え，そこでの試行錯誤を通してメディアとの関わりを捉え返すよう示唆しているように思われる（北田, 2004）。実は，マクルーハンも「インディアンは自分のカヌーの，カウボーイは自分の馬の，重役は自分の時計の，それぞれ自動制御装置だ」と，人間の身体をメディア環境のなかで「する」と「させられる」が溶け合った実践をなすアクターの一つとして捉えており（マクルーハン, 1987：48；若林, 2014：189），中井とマクルーハンの技術およびメディアへの視角は共通性をもっているといえる。

　上述の議論を踏まえたうえで，先ほど中動態として説明した振り付けをつくるという実践について，再び考えたい。振り付けをつくる実践は「音楽―音楽を耳に伝達する装置であるイヤフォン―振り付けを担当する者の身体―両腕で握る想像上の鳴子」との間に，まさしく，「する」と「させられる」が溶け合うような，どこか協働的な関係性が取り結ばれたことによって生じる身体実践だといえる。このとき「振り付けを担当する者の身体」は，音楽とイヤフォンと想像上の鳴子とを〈身をもって〉媒介する一つのアクターであると

いえる。

　そして,「音楽―イヤフォン―想像上の鳴子」との連関に留まっていた身体は, やがて「拡張」される。将来, その振り付けを踊るチームメイトの身体へ, 彼らと共に作り上げる演舞を祭り会場で目にする観客や他のチームの踊り子の身体へ, そして, ソーシャルメディア上で流通する演舞の動画像をさまざまな時間と異なる場所で視聴する大勢の観客や踊り子の身体へ。多様な人やモノや場所との関係性をつむぎながら, 身体はメディア環境と絡まり合いながら「拡張」し, 一つのアクターとしてコミュニケーションの仲立ちとなることで「メディアになる」のだ。

　ところで, 筆者の振り付けは真空状態から突如として現れたわけではない。「須賀系」のチームに所属している以上, 筆者の振り付けには, 当然ながら第2節でみた振付師の影響が強く刻まれているはずだ。加えて, 第1節で紹介した「会いに行けるアイドル」と筆者の, およそ十年にわたってチーム間・個人間で切磋琢磨をしてきた, いわば「履歴」のようなものも, 筆者の振り付けに染みついているに違いない。その意味で, 筆者の振り付けは自ら「つくる」ものではあるが,「そのように, つくらされる」部分がどうしても存在するのである。どんなに創造的な振り付けをつくったとしても, その振り付けは, 人々を取り囲む環境としてのメディアと絡まり合いつつ形成される, よさこいという身体文化の網の目のなかで, 初めて生まれるのである。

　このように, 人がある状況に自らを投げ込み, あるいは, 投げ込まれ, メディア環境だけでなく, 人やモノや場所との関係性をその〈身をもって〉つむぐアクターとなることで,「人がメディアになる」状況は立ち現れるのではないだろうか。

5 結論に代えて

人間関係がほつれゆくとき，非日常と日常がつむがれるとき，身体がある状況にアクターとして投げ込まれ，人やモノや場所と関係性をつむぐときに，「人がメディアになる」状況は立ち現れる。本章ではよさこい踊りという身体文化実践の三つの局面から「人がメディアになる」状況について検討を行った。わたしたちの身体のメディア性を捉え返す作業は，まだ開始されたばかりである。

● ディスカッションのために
1 「人がメディアになる」とはどういうことか本章の記述にしたがって説明してみよう。
2 1を参考にしながら，あなたや友人が「メディアになった」ことがあるか，振り返って考え，書き出してみよう。
3 2で書き出したことを周囲の人にもわかるように話し合って共有してみよう。

● 引用・参考文献

加藤裕治（2016）.「スターという映像文化」長谷正人［編］『映像文化の社会学』有斐閣, pp.217-231.
北田暁大（2004）.「〈意味〉への抗い―中井正一の「媒介」概念をめぐって」〈意味〉への抗い―メディエーション文化政治学』せりか書房, pp.47-73.
ケイン樹里安（2018）.「よさこいの快楽と美学，そして謎」有田　亘・松井広志［編］『いろいろあるコミュニケーションの社会学』北樹出版, pp.42-45.
國分功一郎（2017）.『中動態の世界―意志と責任の考古学』医学書院
中井正一（1930）.「スポーツの美的要素」『京都帝国大学新聞』（久野　収［編］（1981）.『中井正一全集』美術出版社, pp.407-421.所収）
ベンヤミン, W.（1995）.「複製芸術時代の芸術作品」浅井健次郎［編訳］『近

代の意味』筑摩書房, pp.583-640. (Benjamin, W. (1935). *Das Kunstwerk im Zeitalter seiner technischen Reproduzierbarkeit.*)

マクルーハン, M./栗原　裕・河本仲聖 [訳] (1987). 『メディア論―人間の拡張の諸相』みすず書房 (McLuhan, M. (1964). *Understanding media: The extensions of man.* New York: McGraw-Hill Book Company.)

若林幹夫 (2014). 「メディア論の長いまどろみ―マクルーハンは『人間の拡張の論理＝メディア論』をなぜ「テレビ」で終わりにせず、さらに「兵器」と「オートメーション」について書いたのか」伊藤　守・毛利嘉孝 [編] 『アフター・テレビジョン・スタディーズ』せりか書房, pp.183-200.

第10章

ラブドールはガラテアの夢を見るか
メディアとしての,メディアのなかのラブドール
関根麻里恵

　私は諸君にかう申上げたい。我々の神々も我々の希望も,もはや科學的にしか考へられなくなつてしまつた以上,どうして我々の戀愛もまた同じく科學的に考へてはならぬでせうか,と。(ヴィリエ・ド・リラダン,1996：339)

『未來のイヴ』
(ヴィリエ・ド・リラダン,1996)

　19世紀後半のSF小説,ヴィリエ・ド・リラダン『未來のイヴ』に登場する電気学者のエディソンのこの言葉は,1995年公開のアニメ映画『GHOST IN THE SHELL／攻殻機動隊』(日本,監督：押井守)の続編にあたる『イノセンス』(2004年・日本,監督：押井守)のエピグラフとしても使用された。仮想現実(VR)や高度情報化(IT)が発達しつつある現代,エディソンの言葉が絵空事に留まらない時代となってきている。

1 はじめに

図 10-1 店頭でスタッフとして働く Pepper（2016 年 8 月 11 日，筆者撮影）

われわれ人間は，今も昔もあらゆる場所において呪術や芸術，科学技術やコミュニケーションなどの用途として，われわれの似姿をした人形を生み出し続けてきた。現代の日本の街中に限定して，身近にある人形の例を挙げてみよう。公園や広場といった公共の場には，その場に所縁のある人物の銅像やオブジェが設置してあり，ショウウィンドウには，ファッションやライフスタイルを提案するマネキンがディスプレイされているのを目にする。また，おもちゃ売り場では，ファッションドールや知育玩具としての人形やフィギュアが販売され，さらにはロボットの Pepper が店頭でスタッフとして任務を遂行している（図 10-1）。このように，今日において人形を見ない日はないといっても過言ではない。もちろん，それらはそれぞれに見た目も役割も異なるが，共通点を強いて挙げるとするならば，それは人間の分身，代替，投影だろう。

本章では，そんな人形を「われわれ」について考察することができる一つのメディア（＝媒体，媒介）として捉え，人形のなかでも特異な存在である等身大の疑似性交人形のラブドール[1]に焦点をあてる。ラブドールを取り上げる理由は，われわれにとって馴染みのある，いわゆる人形と呼ばれる縮小サイズの玩具人形と，蝋人形やマネキンといった展示や観賞用の等身大人形の中間に位置する，非常に珍しいタイプの人形だからである。つまり，等身大でありながら触れることができ——むしろ触れることが大前提とされている——，個

人が所有する人形がラブドールなのだ。もともとは男性向けの性的な用途を目的とした愛玩人形であったが，2000年代後半からは展覧会も定期的に開催され[2]，女性までもがラブドールの存在を認識するようになった。その意味で，今まさに発展途上の人形であるともいえるだろう。われわれは，そんなラブドールというメディアを通して何を考察することができるのか，それを探るのが本章の目的である。

まず，ラブドールの概略を示し，それを踏まえながらラブドールが登場する映画『ラースと，その彼女』(2007年・米，監督：クレイグ・ガレスピー)を例に，作中でラブドールがどのようにメディアとして機能しているか（＝メディアとしてのラブドール）について，そして，映画というメディアはわれわれとラブドールをどのように媒介しているか（＝メディアのなかのラブドール）について考察していく。

2 ラブドールとは

❖ダッチワイフからラブドールへ

作品の考察をする前に，ラブドールについて軽く触れておきたい。前述したように，ラブドールとは等身大の疑似性交人形の呼称である。

---

1) ラブドールという名称を初めて使用したのは，1986年に創業したハルミデザインズだといわれている。1984年に起きた運動――トルコ人留学生らが性風俗店として使用していた「トルコ風呂」という名称の変更を要求した――によって，特定の国名を性産業の名称として用いるべきではないという認識が広まった。ハルミデザインズの代表はそれを受けて，「オランダ人の妻」という意味のダッチワイフではない名称を考えた結果，ラブドールと名づけた（高月，2009）。各種メディアのなかで定着したのは2000年代頃である。
2) 銀座にあるヴァニラ画廊では，2007年から2,3年周期でオリエント工業の協力のもとラブドールの展覧会が行われている。

**図 10-2　オリエント工業の
ラブドール**
(2017 年 6 月 1 日, 筆者撮影)

かつてはダッチワイフと呼ばれ，もともとは中国発祥の「竹夫人」——暑さしのぎの竹，籐製の抱き枕——を指していた。高月靖をはじめとする先行研究によると，17世紀初頭から1942年までインドネシアを植民地支配していたオランダ人が竹夫人を愛用しており，その姿をみたイギリス人が揶揄を込めて「オランダ人の女房」と呼んだという逸話に由来する（高月，2009；西村，2004）。

いつからダッチワイフ＝疑似性交人形を意味するようになったかは先行研究でも明らかになっていないが，世間に知られるきっかけになったのは，第一次南極地域観測隊（1957-1958年）が所持していたとされる「南極一号（通称：ベンテンさん）」[3]で見解は一致している。そして，ダッチワイフがアダルトグッズとして一般的に販売されるようになったのは，おおよそ1960年代頃である[4]。

ダッチワイフとラブドールの大きな違いは，呼称はもちろん，素材と造形のリアルさ，それにともなって生じた用途の多様性である。ダッチワイフというと，どこか間抜けな表情のビニール製の空気式人形というイメージがあったが，1980年代からラテックス，ソフトビニール，ウレタン，シリコンなど，次第に人間の皮膚に近い

---

[3] 当時の隊長だった西堀栄三郎と医務を担当していた中野征紀は，当時の様子について記した書籍を出版しており，そのなかでダッチワイフに関する記述を残している（西堀，1993：73-74；中野，1958：83-84）。
[4] 竹夫人の歴史的背景と，なぜダッチワイフが疑似性交人形として認識されるようになったかについては，関根（2018）を参照されたい。

素材を用いるようになり,その造形もだんだん人間に近くなる(図10-2)[5]。用途も,造形が人間に近くなることによって道具的な関係(＝性処理のみを目的)から関係性それ自体を目的化した関係(＝性処理に加え,精神的な安らぎや心の拠り所を求める)へと変容し,男性のみならず女性のユーザーも微増傾向にある。

❖アメリカのラブドール：リアルドール

日本には,2017年に創業40周年を迎えたオリエント工業の他にも,複数のラブドールメーカーが存在する。ここでは『ラースと,その彼女』にも登場するアメリカのアビスクリエーション社(Abyss Creations LLC)の「リアルドール(Real Doll)」[6]について簡単に紹介したい。

映画の特殊効果アーティストだったマット・マクマレンは,アートとして精巧な女性の人形を作ってインターネットに紹介したところ,問い合わせが殺到。そこで精巧なセックスドールを作ろうと会社を設立したという。実は,シリコンを使用してラブドールを製造したのはアビスクリエーション社が初めてで,いわば草分け的存在である。そして,2015年ごろから「リアルボティクス(Realbotix)」というプロジェクトのもと,人工知能(AI)を搭載したリアルドー

---

5) 人形やロボットなどを人間に近づけようとすることで生じる「不気味の谷」問題を想起する読者もいるかもしれない。オリエント工業の造形師のインタビューをみると,「リアルさの追求にしても,ご指摘のように,人間に近付きすぎると,かえって不気味にみえてしまう。だから,ディテールの造形も,あくまでお客様が好きになれるかどうかという目線から突き詰めているだけなのです」(小山田,2017：42)とある。たとえば,目の位置を人間の女性よりも少しだけ中央に寄せるなどといった工夫によって,その解消をはかっているという。
6) リアルドールは製品シリーズの商標として登録されており,その名の通り,人間そっくりに作ることを目的としている。ラブドールとリアルドールが目指すものの違いについては,西村(2017)に詳しい。

ルの開発を進めており，2018年に発売を予定している[7]。

　もしかすると，それらはヴィリエ・ド・リラダンの小説『未来のイヴ』（1996年）に登場するアンドロイド，もしくは押井守監督の映画『イノセンス』（2004年）に登場するロクス・ソルス社のガイノイド2052──どちらもその名をハダリー（ペルシア語で「理想」を意味する）という──の末裔と捉えることができるかもしれない。

3 メディアとしてのラブドール

　ラブドールについて概観したところで，次に映画『ラースと，その彼女』におけるメディアとしてのラブドールについて検討していこう。本作は，心優しくも孤独な青年・ラースが等身大のリアルドールのビアンカを自分の恋人に選んだことから始まる，ちょっと変わったラブストーリーだ。そして，ラースとラースの住む街の住人（表10-1参照）──つまり当事者と第三者──が，ビアンカを媒介にして成長していく様子が描かれている。紙面の関係上，今回はラースのみに焦点を当てる。

❖ビアンカの役割①：恐怖対象を克服する

　ラースは，結果としてビアンカに二つの役割を与えていた。それは，①妊婦（母親とカリン）という恐怖対象を克服するための役割と，②「大人」へと成長するための役割である。

　ラースの女性に対する苦手意識の根本は，母親が自分を出産する際に死亡したことに起因していると考えられる。ここで「アブジェ

---

[7] 2018年4月下旬時点。なお，2010年にアメリカの企業True Companionが「世界初のセックスロボット」であるRoxxxyを発表している。性機能を有するアンドロイド（＝セクサロイド）の有用性に関して，2018年現在，さまざまな議論が交わされている。詳しくは高月（2017）を参照されたい。

第 10 章 ラブドールはガラテアの夢を見るか　*157*

表 10-1　主要登場人物一覧（作品内容を基に筆者作成）

登場人物	プロフィール
ラース	女性が苦手な 26 歳の心優しい青年。周囲には Mr. サンシャインと呼ばれている。自分を出産する際に母親が死亡したことから，女性に対するトラウマを抱えている。
ビアンカ	アダルトサイトで販売されているリアルドール。デンマークとブラジルのハーフ，元宣教師でベジタリアン，看護師の資格をもっている，という設定。
ガス	ラースの兄。ラースがビアンカを紹介した際に正気を失ったと思い，「治療」を提案する。
カリン	ガスの妻で妊婦。人と交流をもとうとしないラースを心配している。
ダグマー医師	ビアンカ（ラース）の主治医。「ラースの妄想」の原因を探る。
マーゴ	ラースの同僚。ラースに思いを寄せているものの，ビアンカとの仲を壊さない約束を交わす。

クション（abjection）」と「怪物的女性性（monstrous-feminine）」というキーワードを用いてラースのパーソナリティをみてみよう。

　アブジェクションとは，フランスの文学理論家で哲学者のジュリア・クリステヴァ（Julia Kristeva）が用いた精神分析の用語で，母の身体がファルス中心の思想体系のなかで不安定な生殖力とおぞましい生産力を象徴していることとアブジェクト（＝追放）をつなげ，身体が呑み込まれる恐怖を意味している（クリステヴァ, 1984）。そして，怪物的女性性とは，生殖力が恐怖をひき起こすような，ぞっとするような多産の母親像のイメージを指し示し，フェミニストの映画評論家のバーバラ・クリード（Barbara Creed）は，映画のなかで女性に対する男性の怖れと不安の産物として，怪物的女性性のイメージが広がっていることを指摘している（Creed, 1989）。

　ラースは，カリンのお腹が大きくなるにつれて苛ついた様子をみせたり，ダグマー医師がカリンの様子を聞いた際に「お産は危険だ」と繰り返し，パニックを起こしてしまう。また，ラースがダグマー医師にビアンカを紹介した際には，彼女は子どもが産めない身体で

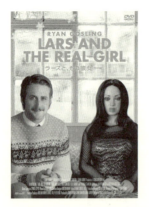

図 10-3 『ラーズと,その彼女 特別編』
(20世紀フォックス・ホームエンターテイメント・ジャパン,2009年)

ある——もちろん,ビアンカは人間ではないので出産する可能性はゼロである——ことを告げている。

彼は,自分の身体が呑み込まれる恐怖から逃れるために出産しない／できない女性(＝ビアンカ)を求めていると同時に,自分を見守ってくれている女性(＝カリン)が得体のしれない何かに呑み込まれてしまう——自分の母親のように死んでしまう——ことへの恐怖に怯えているのだ。そのアンビバレンスな状態を内包して引き受けることができるのは,他でもなく——人間の女性と同じ造形で女性器もあるが,妊娠することはない——ラブドールしかいない。だから,ラースにとってビアンカはラブドールである必要があったのだ。

①の役割の結末は②の役割とも密接に関わってくるので,先に②の役割についてみてみよう。

✣ビアンカの役割②：「大人」になるための踏み台

ラースはガスとカリンにビアンカを紹介したのち,ガスによって——ビアンカの体調が心配だという名目のもと——病院に連れて行かれる。ガスはダグマー医師に「ラースの妄想」に付き合うことをアドバイスされ,地域住民,とりわけ教会の仲間と共に彼の妄想に付き合っていく。

ラースにとって地域住民との交流は,毎週末教会に行く程度の最低限の営みであった。職場でもそうだが,心優しいが必要以上に人

と関わろうとしないのだ。どこか子どもっぽさが抜けない，そんな様子がたびたび登場する。しかし，ビアンカがやってきてからはビアンカを介して積極的に地域住民と交流を図るようになるのだ。

物語の中盤，ビアンカが地域住民，特に女性とも交流を深めてさまざまな仕事をこなすようになる[8]と，まるで子どものように拗ねて八つ当たりをするなど，ラースとビアンカの仲が徐々に不安定になっていく。それにともなってビアンカは体調不良が続くようになるが，それは，ラースが徐々に「大人」へと成長していく合図として機能している。二人の仲が不安的になることは関係性が崩れることではなく，次のステップへと進もうとするラースの気持ちが反映されているのだ。

ラストへとつながるシーンで，とうとうラースが「大人」になろうと決心する。とある日，ラースはガスに「大人」になるとは一体どういうことかを尋ねている。そこで彼は性行為をしたことがないこと，それが「大人」になれない原因なのではないかと考えていることを告白するが，ガスは「大人」になるということは，人と関わり，何か大きなことを決断することだと返答する。数日後，ビアンカの体調が急変し，救急車で運ばれた。搬送先の病院でラースは，ダグマー医師からビアンカとの別れが近づいていることを告げられる。ガスとカリンはラースとビアンカを湖へ誘い，そこで初めてラースとビアンカはキスを交わし，ビアンカは帰らぬ人となった。おそらく，ラースにとっての大きな決断が，ビアンカの死だったのだ。

ビアンカの葬儀には仲間全員が出席し，牧師は「彼女は，我々の

---

[8] 最初のうちは「本当にアソコがあるの？／じゃあ本物の女なわけね？」（36：34-36：42）と冗談めかしていたが，次第にビアンカを一人の「女性」として扱い，ビアンカの髪型をロングヘアからセミロングヘアに変えてあげたり，ブティックでの仕事や病院のボランティアに参加させたりするようになっていくなど，彼女に人格的なものを与えていく。

勇気を試す存在だった」という言葉を送り，彼らは人間の葬儀と全く同じように彼女との別れを悲しんだ。ラースはビアンカの埋葬が終わったのちにカリンの大きくなったお腹に触れ（＝恐怖対象の克服），そして，マーゴとのこれからを暗示するかのようなやりとり（＝自身の成長）で物語は終わる。つまり，ラースはビアンカを媒介にしてトラウマを克服し，人と関わり，大きな決断をすることで「大人」になったのだ。

　この①と②の役割が密接であることを端的に現しているのが，ビアンカの部屋である。ラースは，ビアンカを自室のガレージではなくガスとカリンの家の一室——まるで母体を想起させるようなピンク色で統一されており，かつて母親が使用していた部屋——に住まわせ，そこで逢瀬を重ねていた。つまり，ラースにとってビアンカの部屋は母親の胎内——恐怖の始まり——であり，ビアンカと自身の感情をすり合わせるためのシェルターでもあったのだ。最終的に，ビアンカの死によってラースは母親の胎内かつシェルターから脱し，「大人」になって新たな道を歩んでいく。

　しかし，忘れてはならないのは，これらはすべてラースが自身の判断で行った「自作自演」である。ビアンカは何も言わない。何も問いかけず，何も答えることなくただそこにいるだけだ。しかし，ラースを含め皆は，ビアンカにさまざまな役割を与え，喜んだり，苛立たせたり，悲しんだり，救われたりする。映画のなかのビアンカは，ある意味〈モノローグ的メディア〉[9]——ビアンカを前にモノローグ（独白）をすることで，自分自身や他人のことを知り，弱さを

---

9) バイロン・リーブス（Bylon Reeves）とクリフォード・ナス（Clifford Nass）は，人間がさまざまなメディアを人間と同じように感じ，扱う現象（「メディアの等式」）について，社会学的なアプローチを用いて検証している（リーブス・ナス，2001）。この「メディアの等式」がラブドールにもあてはまるかについては，今後慎重に検討を重ねていきたい。

見つめ，成長させる——として機能しているといえるかもしれない。

4 メディアのなかのラブドール

❖人間，異性愛中心主義を再生産する装置

　作中で，ラブドールがメディアとしての機能を果たしうることがわかったが，さらに——これは不幸なことに——映画というメディアを通してわれわれ鑑賞者に対して，人間とラブドールの関係性の限界（＝人間中心主義，異性愛中心主義）をも示している。

　本作のラストは，一見するとハッピーエンドのようにみえるが，セクシュアル・マイノリティを題材とした映画に見受けられるような，片方が物語から「追放」され，もう片方が異性愛秩序に従う結末とも受け取れる。映画における「同性愛嫌悪（ホモフォビア）」について，英文学者でありフェミニズム思想家の竹村和子はこう記している。

> ハリウッド映画はその当初から，そして映画製作自主倫理規定の成立ののちにはピューリタン的厳格さをもって，同性愛を画面から追放した。あるいは非常に数は少ないが，それを揶揄の対象や呪われた運命として否定的に描いた。また表層的な異性愛のプロットの下に，「暗号」として書き込んだだけだった。その背景には，近代社会があらゆる言説を駆使して作り上げようとした強制的異性愛の制度と，その制度を内面化した同性愛嫌悪があったことは間違いない。（竹村，2012：10）

　これは，人間と非人間の恋愛物語——もちろん，恋愛物語に限らず——にもあてはまる。あらゆる人間と非人間の物語が描かれてこようとも，セクシュアル・マイノリティの物語と同様の結末——マイノリティの両方，ないしは片方が「追放」されるか，呪われた運

命を担うか——しか待ち受けていないのが現状である。すなわち，異性愛以外は正常ではないということだ。

近年の例でいえば，『her／世界でひとつの彼女』(2013年・米，監督：スパイク・ジョーンズ) のセオドアと人工知能型OSのサマンサや『ブレードランナー2049』(2017年・米，監督：ドゥニ・ヴィルヌーヴ) のレプリカントのKとホログラムのジョイも，最終的に結ばれなかった[10]。また，同じくラブドールが登場する『空気人形』(2009年・日本，監督：是枝裕和) も，純一と空気人形ののぞみは哀しいすれ違いの末，純一は死に，のぞみも自らゴミ捨て場に横たわるシーンで終わる[11]。

❖イメージが現実を規定してしまう危うさ

日本のロボット工学者である石黒浩は，「コミュニケーションメディアとして，人と対話するロボットのありようが真剣に模索される時期だ」(石黒, 2015：90) と人間とロボットの関係のバリエーションを増やすべきだと指摘している。そして，「「人とつながりたい」ということと「性的な関係を持ちたい」ということには強い関係があ

---

10) これらの作品には「フランケンシュタイン・コンプレックス」も関連してくるかもしれない。フランケンシュタイン・コンプレックスとは，SF作家のアイザック・アシモフが提唱した用語で，メアリー・シェリーの『フランケンシュタイン』(1818) に由来する。創造主に成り代わって被造物——人造人間やロボットといった人工生命体——を創造することに憧れる一方で，その被造物によって創造主である人間が滅ぼされてしまうのではないという恐れがアンビバレントに生じる感情・心理を指し，それを回避するために，「人間への安全性，命令への服従，自己防衛」を目的とした「ロボット三原則」が生まれた。
11) その一方で，『エクス・マキナ』(2015年・英，監督：アレックス・ガーランド) のケイレブと女性型AIのエヴァは，ケイレブのほうが追放され，エヴァは人間世界へと足を踏み入れるという今までにないラストだったが，やはり結ばれることはない。

る」(石黒, 2015：90) というように，石黒はロボットの性的利用についてポジティブな見解を示している。しかし，宗教的な問題や研究上の制約があるゆえ，現時点でロボットの性的利用が実現するには困難がつきまとっていることにも言及している。その意味で，アビスクリエーション社が人工知能を搭載したリアルドールの開発を実現させたことは，実に意義深い。

石黒はまた，ロボットに対する偏見についてこう語る。

> ロボットが勝手に意図を持って人間を殺すことなど，ありえない。もしロボットが止められないとしたら，「止めたくない」という人間側の意思が働いているときだけだ。[略] SF では古典的な題材である「ロボットの反乱」などというものは，バックに人間がいないかぎり起こりえない。(石黒, 2015：200)

これは，ロボットやアンドロイドのみならずラブドールにも，もっといえばあらゆるマイノリティの立場に置かれる人々にも通じることである。ラブドールを所有することへの偏見は，かつてよりも緩和されてきたとはいえ，メディアのなかではいまだに病理として描かれている。『ラースと，その彼女』でもそうであった。つまり，われわれが生み出したイメージがメディアを通して現実を規定し，固定化し，それがあたかも本当にそうであるかのように認識してしまうのもわれわれだということだ。

それならば，われわれの想像力がマイナスなほうばかりではなく，プラスの方向に働くことによって，現実も変わることができるのではないだろうか。もちろん，これが容易でないことは明らかで，底なしの湖に石ころを投げるようなものである。しかし，それでも何かが少しでも変わっていくことを信じてこれを粘り強く行い，波紋を広げていくことが必要なのだ。

5 おわりに：ラブドールはガラテアの夢を見るか

本章のタイトルにある「ガラテア」とは，古代ローマの詩人であるオウィディウスがギリシャ・ローマ神話を基に1世紀初頭に編纂した『変身物語』の「ピュグマリオン」に登場する，象牙で作られた彫刻の女性のことである。キプロス島の王であるピュグマリオンは，生身の女性に失望し，理想の女性を彫刻する。彼は自ら作り出したそれに恋をし，ガラテアと名づけた。そんなピュグマリオンの姿を見た女神ヴィーナスは，ガラテアを人間の女性に変身させ，やがて，ピュグマリオンとガラテアは二人の間に子どもをもうけるのである（オウィディウス, 1984：73-77）。すなわち，ガラテアは唯一人間と結ばれた非人間なのだ。

ラブドールが今後どのような進化を遂げるかは未知数である。セクサロイド的な方向に向かって自ら言葉を発するメディアになるのだろうか，それとも，人形は人形のまま，〈モノローグ的メディア〉として機能し続けていくのだろうか。

性研究と人工知能の研究者であるデイビット・レビーは，2050年までに人間とロボットのセックスは普通のことになり，恋愛や結婚もありふれたことになると予測し，日本のラブドールについても触れている（Levy, 2008）。レビーの予測がどの程度現実味があるかは抜きにしても，もはやフィクションではなく現実のものとして人間と非人間の関係について考えるべき段階にやってきているといえるかもしれない。そして，それをしていくうえで，映画というメディアはわれわれにヒントを与える重要な道具の一つであり，それゆえに多様であらねばならない。

ラブドールはガラテアの夢を見るか。願わくば，未来の豊かな想像力によって実現されることを切に願う。

●ディスカッションのために
1 『ラースと，その彼女』のあらすじを本章の記述にしたがって説明してみよう。
2 マンガ，小説，映画などで，人間とロボットや人間と人形，人形と人形が結ばれる創作物があるだろうか。検索して調べてみよう。
3 人間とロボットや無機物が結ばれるような世界とは，どのような世界だろうか。1，2を参考にしながら周囲の人と話し合ってみよう。

●引用・参考文献

石黒　浩 (2015).『アンドロイドは人間になれるか』文藝春秋
ヴィリエ, ド, リラダン, A. ／斎藤磯雄［訳］(1996).『未來のイヴ』東京創元社〔原著1886年〕
オウィディウス／中原善也［訳］(1984).『変身物語 下』岩波書店
小山田裕哉 (2017).「オリエント工業のラブドールはレプリカントになるか？」『ケトル』*36*, 40–43.
クリステヴァ, J. ／枝川昌雄［訳］(1984).『恐怖の権力―「アブジェクシオン」試論』法政大学出版局 (Kristeva, J. (1980). *Pouvoirs de l'horreur: Essai sur l'abjection*. Paris: Éditions du Seuil.)
関根麻里恵 (2018).「ラブドール研究試論」『身体表象』*1*, 64–72.
高月　靖 (2009).『南極1号伝説―ダッチワイフの戦後史』文藝春秋
高月　靖 (2017).「セックスロボット，来年に発売へ…好みの体形や性格を設定，ユーザと親愛関係構築」『Business Journal』(2017年10月11日) 〈http://biz-journal.jp/2017/10/post_20902.html（最終閲覧日：2018年4月28日）〉
竹村和子 (2012).『彼女は何を視ているのか―映像表象と欲望の深層』作品社
中野征紀 (1958).『南極越冬日記』朝日新聞社
西堀栄三郎 (1993).『南極越冬記』岩波書店
西村大志 (2004).「ダッチワイフ」井上章一・関西性欲研究会［編］『性の用語集』講談社, pp.237–245.
西村大志 (2017).「世紀転換期の「人体模倣」」田中雅一［編］『侵犯する身体』京都大学学術出版会, pp.135–165.

リーブス, B.・ナス, C.／細馬宏通［訳］(2001).『人はなぜコンピューターを人間として扱うか—「メディアの等式」の心理学』翔泳社 (Reeves, B., & Nass, C. (1966). *The media equation: How people treat computers, television, and new media like real people and places.* Stanford, CA: Cambridge University Press.

Creed, B. (1989). Horror and the monstrous-feminine: An imaginery abjection. In J. Donald, (ed.), *Fantasy and the cinema.* London: British Film Institute.

Levy, D. (2008). *Love and sex with robots: The evolution of human-robot relationships.* New York: Harper Perennia.

●引用したメディア作品

クレイグ・ガレスピー［監督］(2009).『ラースと,その彼女 特別編』20世紀フォックス・ホームエンターテイメント・ジャパン

第 IV 部 人・モノ・場所の
コミュニケーション

第 11 章 社会運動におけるメディア，社会運動というメディア
第 12 章 人＝メディアとしてのバンドマン
共有される夢の実現／断念物語
第 13 章 〈廃墟〉を触発するメディア
〈廃墟〉が生成するネットワーク
第 14 章 多様な「空間」をめぐる多彩な「移動」
ポスト情報観光論への旅

第IV部「人・モノ・場所のコミュニケーション」は，ある場所や「場」に集う人々の多様なコミュニケーションのあり方を描いた4つの章で構成されている。

第11章「社会運動におけるメディア，社会運動というメディア」（富永京子）では，社会運動の現場におけるメディア使用の状況を分析するとともに，社会運動そのもののメディア性について論じている。携帯電話（スマートフォン）やキャンプ，旅などのさまざまなメディアが，社会運動をめぐる人々の「日常」と「出来事」を結びつける様子が描き出される。

第12章「人＝メディアとしてのバンドマン」（野村駿）では，プロを目指して活動するバンドマンに着目し，丹念なインタビュー調査の結果を用いて，メディアとしての「人」がどのような物語を生み，流通させているのかを分析している。特に，「夢の実現」および「夢の断念」についての物語が口伝やSNSでどのように表象されているかが明らかにされる。

第13章「〈廃墟〉を触発するメディア」（木村至聖）では，〈廃墟〉という場所がメディアによって価値づけられる側面や，廃墟を訪れる人々とメディアとの関係性について分析を行っている。それによって，日本各地で起こっている〈廃墟〉をめぐる人・モノ・場所のダイナミックなネットワークのあり方を明らかにする。

第14章「多様な「空間」をめぐる多彩な「移動」」（岡本健）では，本書でなされてきた議論を前提にしながら，さまざまな観光現象や，メディア・コンテンツ表象を扱い，新たな観光研究の分析枠組みを構築する。それは，現実空間，情報空間，虚構空間の身体的，精神的移動を含んだものであり，情報社会，移動社会におけるさまざまな行動やコミュニケーション，文化現象の分析に応用可能なものである。

第11章

社会運動におけるメディア,社会運動というメディア

富永京子

本章では,私たちの過ごす「日常」と「非日常(出来事)」と,それをつなぐメディアという視点から社会運動を紹介する。社会運動とは,私たちの生きている社会を変革するための活動だ。具体的には法律を変えるために議員に陳情をしたり,路上でデモをして主張を伝えたり,といった行動である

デモにおいて,一つひとつのアイテムが主張を示す「メディア」となる(オーストリアにて著者撮影)

ことは知っていても,どこか縁遠い,近寄りがたいものという印象が強い人も多いのではないだろうか。この章の前半では,携帯電話(スマートフォン)というメディアを入り口に,社会運動がどういった形で私たちの過ごす日常とつながっているかをみる。さらに後半では,日常を通じて行われる社会運動を紹介することで,「メディアとしての社会運動」について考えていきたい。実は,私たちが学校に通い,仕事をし,家族や友人と過ごす,という日常のなかでも,社会運動は行われている。私たちの生活を政治的に解釈するうえでも,メディア論の視点は重要な役割を担っているのだ。

1 社会運動におけるメディア：携帯電話の場合

　私たちは，どういった情報を誰に伝達したいのかという目的に応じて，さまざまなメディアとの適切な付き合い方を要請される。これはデモや集会といった社会運動の場においても例外ではない。社会運動自体が他人に政治的主張を伝える広義のメディアということもできるし，運動の場では動画配信や，ビラ・フライヤーの配布といった，さまざまなメディアを利用した情報の伝達がみられる。しかし，その「付き合い方」は，その運動の主題や参加者によって大きく異なる。

　たとえば，以下の文章を読んでほしい。これは，2008 年に北海道で行われた「G8 サミット（現在はG7 サミット。主要国首脳会議ともいう）」に対する抗議行動に参加した，一人の参加者が記した感想である。G7（G8）サミットでは，主要国・有力国の首脳と関係閣僚が集まり，グローバルな経済・社会制度について議論する。そこでは，会議に参加している先進国の利害を優先して検討するために，結果として発展途上国に不利な政策が推進されてしまう。そのため，どの国や地域でも，G7（G8）サミットが開催される際は必ずといっていいほど抗議行動が起こる。以下の文章は，この抗議行動のなかで行われたデモに対する感想である。

> デモに随行していた私の目前で，若い参加者が少しはねた〔筆者：挑発的行動をとった〕。機動隊員が引っ張る。私も条件反射で手が伸び，参加者をつかみ返す。その私を誰かがまたつかまえてくれると信じていた。しかし，その瞬間，ふと目に入ったのは複数の携帯電話だった。あの「写メ」だ。ご親切にも弾圧現場を撮ろうというのだ。［略］
> その場は何とか難を逃れたが，頭が混乱した。そもそも，携帯

第11章 社会運動におけるメディア，社会運動というメディア

> 電話は個人，友人，知人情報の塊である。そんな物騒なものを携行し，あんたは何で参加しているの。デモ参加を決める→救対カードを記す→着衣にもクリーニング屋が名前を記していないか確認する，という世代にはもう理解不能だ。(田原, 2008)

　最近の社会運動を知る人は，この感想を読んで驚くかもしれない。2011年3月11日の東日本大震災以降，全国で反原発運動が行われ，2015年には平和安全法制（以下，安保法案）への抗議行動が数多くみられるようになった。そのなかで携帯電話を用いることは特に咎められる行為ではなく，安保法案への抗議行動に参加した若者たちは，他の参加者との連絡をLINEで行い，スピーチの原稿をスマートフォンに映し出して読み，そのスピーチをカメラ機能で記録してSNSに投稿する。しかし，G8サミットへの抗議行動をめぐるこの文章のなかでは，携帯電話の使用が歓迎されているようにはみえない。

　安保法案への抗議行動と2008年G8サミット抗議行動は，同じ社会運動だが，参加者の携帯電話（スマートフォン）との付き合い方は大きく異なるようだ。では，安保法制への抗議行動に参加した人々は，携帯電話というメディアとどのような付き合い方をしているのだろうか。その様子がうかがえる記事を，以下に引用してみたい。これは，安保法制への抗議行動に参加した若者たちの語りである。

> 奥田：めっちゃどうでもいい話ですけど，その段階でまだiPhone 5Sだったんですけど，iPhone 6が発売されてから，みんなすらすら読めるようになった（笑）。画面がでかくなったから。
> 牛田：昔は画面が小さかったから，スピーチに向いてなかったんです（笑）。
> 高橋：このときはもうiPhoneでスピーチやったんだ？

> 奥田：やりました。っていうか牛田くんがやってた。「一応印刷してきて」って僕は言ってたんですよ。やっぱ原稿は紙で見たほうが脳に入りやすいっていうことは科学的に証明されてるし，絶対印刷したほうがいいって言ったんですけど，ちゃんとやらないんですよ，こいつが（笑）。
> 牛田：電車で向かってる間に iPhone で書いたんで（笑）。
> （高橋・SEALDs, 2015）

　若者たちはこの語りにおいて，iPhone というスマートフォンの「画面の大きさ」「スピーチに向いている」という特性に言及している。安保法案への抗議行動のなかで，携帯電話（スマートフォン）は記録，発信あるいはLINEやSMSを用いた連絡機能をもつマルチメディアとして利用されたと考えられるが，同時にスピーチの台本を映し出す「プロンプター」としての役割を果たしていたのだろう。確かに，片手で操作でき，光源も兼ねられ，拡大とスクロールが容易なスマートフォンは，夜間にスピーチを行う際にも有用かもしれない。

　しかし，本章の冒頭の引用にみられるように，G8サミット抗議行動において，「個人情報の塊」である携帯電話を持ち歩くことを避けられていたはずだ。なぜ安保法案への抗議行動に参加した若者たちは，抵抗なく公然とスマートフォンをデモの場で用いたのだろうか。

　同じ携帯電話（スマートフォン）というメディアであっても，その使い方が，社会運動の性格や参加のあり方を規定することがある。G8サミット抗議行動と安保法案への抗議行動は，警察というセクターに対する認識のあり方が大きく異なるのだ。警察は，社会の安全を守る存在である一方で，路上で行われる社会運動を厳しく規制もする。ときには，デモに参加した人々を逮捕するということもあ

る。冒頭で挙げたようなG8サミット抗議行動の参加者は，警察による規制に対して激しく抗議する態度をとっている。万が一逮捕・拘留された際の対策として個人情報を隠したり，あるいは，現場写真の撮影を通じて不当に逮捕されたという証拠を残しておくという行動に出た。それに対して，安保法案への抗議行動での若者たちの多くは警察という存在を敵対視しているわけではないようであった。そのため，携帯電話の「個人，友人，知人情報の塊」としての側面がそれほど意識されていないと考えられる。

❷ メディアとしての社会運動

一方で，社会運動をすること自体が，他者への伝達手段であるという捉え方ももちろんできる。安保法案への抗議行動にせよ，2008年G8サミット抗議行動にせよ，それ自体が路上で他者へと情報の伝達を行う「メディア」であるといえる。

社会運動の手法は他にもいろいろあるが，それぞれに政治的・社会的主張を示すわけで，そのいずれも「メディア」としての役割をもっているといえるだろう。たとえ参加者の側に，自分の活動を周囲に見せるという意識がなくても，活動が媒介となって他者に影響を与えることはたくさんある。そうした行動の一つとして興味深いものに，「キャンプ」がある。

冒頭で言及した2008年G8サミット抗議行動もその一つだが，たとえばG20サミットやWTO（World Trade Organization）閣僚会議が行われる際には，開催地で大きな抗議行動が生じる。この抗議行動は，地元のみならず他国からも多くの参加者が来る。このような社会運動に参加する人々が皆，現地のホテルや旅館に宿泊できる／するとは限らないため，多くの抗議行動では地元の人々を中心に「キャンプ」を設営することになる。このキャンプは，宿舎と

しての役割を担うと同時に,「メディアステージ」(Feigenbaum & McCurdy, 2016) としての性格をもっている。「キャンプ」が携帯電話と同じ「メディア」とはいささか奇妙にも聞こえるかもしれない。

参加者たちはキャンプで寝食をともにしながら,会場の近くで抗議デモを行ったり,ときには閣僚たちを乗せた車を囲んで抗議を行ったりすることもある。しかし,キャンプで生活するための行動一つひとつもまた,閣僚会議に対する抗議行動といえるのだ。たとえばG7サミットは,7カ国の首脳や関係閣僚だけで行われるにもかかわらず,全世界に関わるような政策や協定を決定するうえで大きな影響力をもつ。抗議行動の参加者たちは,このように「自分たちのことを,他人に勝手に決められる」ことに対して,デモや集会だけでなく,キャンプにおける生活を通じて抗議する。

具体的には,参加者たちが炊事や衛生管理といったすべての生活インフラを自分たちで作り出し,管理する。それにより,誰かに作業を任せたり,第三者に言われたからするのでなく,誰がどのようなやり方で管理するかといった事柄を自分たちで決定し,不満があればとことん議論して意思決定をする「自治空間」を作り上げようとするのだ。同時に彼らは,G7サミットや他の国際的閣僚会議が前提としているグローバルな資本主義や商業社会に反対するために,グローバルなチェーン店の商品を使わなかったり,英語のみに依存しないコミュニケーションを行ったりと,多種多様なやり方で「自治」を実現する (Feigenbaum et al., 2013)。多くの論者らは,こうしたキャンプのあり方こそがまさに「メディア」であるという。キャンプという営みのなかで,人は抗議の意志を日々の生活実践に反映させ,それを通じて,持続可能な生活とは何か,世界的な権力に反対するとはどういうことかを他の参加者に見せることになる。つまりキャンプそのものが,生活を通じて抗議する方法の集合であり,ライフスタイルを通じて運動を行うための,一種の「ショーケース」

として機能しているのだ（Brown et al., 2017）。

　たとえば，食事の際には，廃棄食品を再利用したり，地元農家から食材を寄付してもらったり，ソーラークッカーを利用したりといった工夫を行う。これらの試みはすべて，大量に生産され流通する食品に頼らず，地元の業者に貢献するという目的をもっていたり，廃棄を減らしたり，天然エネルギーを使ったりすることで環境にやさしい生活を送ろうとする意図をもっていたりする。また，衛生管理や休養などについて参加者同士が話し合って何かを決める際にも，性的マイノリティや民族的マイノリティといった社会的弱者が排除されないよう，誰もが可能な限り平等に参加するという共通認識のもとで議論が進む。社会運動に慣れていなくても，参加者たちは，こうした行為を実際に目にしたり，その行為の裏にある意図を他の参加者に聞くことによって，自分の考える「社会運動」や「政治活動」の姿を変えていく（富永, 2016）。

　キャンプ自体は，時間と場所を限定して行われるかなり特殊な機会であるが，その「ショーケース」のなかで行われている一つひとつの行為自体は，部分的にも私たちの日常生活に適用できるものでもある。性別や人種にかかわらず公正な言葉遣いをすること，環境にやさしい食材の調理法を考えること，海外から来た人々に，ゆっくり，身振り手振りを用いながら話しかけること……。そうした一つひとつの試みが，目の前にいる，あるいは自分から遠く離れたところにいる，自分とは異なる経験や，生活背景をもつ人を尊重する行動につながりうるのである。ゆえに，私たちはキャンプにわざわざ参加しなくとも，そこでの振る舞いを何らかの形で知ることで，「睡眠」や「食事」といった行為一つひとつに政治を見出すことができるのだ。日々の営みのなかに，いかに政治的な課題を見出すかという問題は，社会運動に携わる人々や研究者が長らく取り組んできたテーマでもある。たとえば，女性の権利の向上を訴えることか

ら始まった社会運動である「フェミニズム運動」は,「個人的なことは政治的なこと (Personal is Political)」というスローガンのもと,私たちが日々行っている家事労働や私的な会話が政治的な構造によって規定されていることもあれば,社会を変える潜在的な力にもなることを主張した (ミレット, 1985)。

しかし,ここで重要なことは,どのようにしてキャンプのなかで行われるさまざまな実践を知るのか,ということである。「キャンプ」はそれ自体多様な生活と政治的理念のつながりを示すメディアだが,その存在を知らせるメディアがなくては実際参加した人々以外にその実態が伝わらない。これでは,キャンプにおいて行われる実践は,あくまでキャンプ内で完結してしまうため,同じ空間と時間を過ごした人にしか影響を与えられない。

このような実情に鑑みて,多くのキャンプでは「メディアセンター」と呼ばれる施設を作り上げ,そこからインターネットやラジオを通じた情報発信をしている。また,キャンプに参加した人々は自らの経験をより広い範囲に伝えるため,世界中を渡り歩きながら同じような政治的理念を支持する人々の前で自らの経験について語る。そういった点で,メディアセンターを通じた情報発信はもちろんのこと,活動参加者による「伝道」の旅も,他者に伝達するための媒介という点で,「メディア」的な性格があるといえるだろう。

3 二つのメディアから立ち現れる「日常」と「出来事」

2008年G8サミット抗議行動と安保法案抗議行動の「デモ」と,G7 (G8) サミット抗議行動をはじめとした国際会議への反対運動における「キャンプ」は,それ自体メディアであり,そのなかでも「スマートフォン」や「メディアセンター」などを用いた情報記録・発信を行っている。このように書くとすべての運動は広義の「メデ

ィア」ということができ，それぞれの運動のなかで人々は狭義の「メディア」を用いているのだ，という単純極まりない話になりかねないのだが，ここでもう一つ，それぞれのメディアが担う大きな役割について述べておきたい。それは，私たちの「日常」と，時間と場所とを限定して行われる「出来事」を往還する役割である。

　第1節で示した，安保法案抗議行動に参加した若者たちの対話には興味深い点がある。それは「電車で向かってる間にiPhoneで書いた」という語りだ。この語りで現れるスマートフォンは，デモという「表舞台」を越えて，デモに向かう若者の「舞台裏」，つまり私生活を飾る一要素として立ち現れている。対比的に語られる「印刷」された「紙」に比べ，清書や印刷というプロセスを経ず，移動中に片手で入力できるスマートフォンは，彼らの日常とデモという出来事を間断なくつなげている，と解釈することもできる。

　さらに，参加者たちがデモの場でスマートフォンに映る文字を読み上げる光景は，彼らを見る観衆にとっても「日常」の延長線上にあるデモという印象を強く与える。話し手と聞き手の間にスマートフォンが介在することで，彼らが「パーソナル」なことばを発している，という印象がよりいっそう深くなるのである。スマートフォンがマルチメディア化した現代であれ，個人の身体装備としての「電話」は，人々の個室空間であり身近な他者との親密圏というイメージを色濃く残している（佐藤, 2012）。スマートフォンを通じて彼らは，一般的には非日常的と思われがちなデモという「出来事」の最前線で，確かに日常とつながっている。

　この「出来事」と「日常」をつなぐメディアという観点から再びG8サミット抗議行動の記事をみると，また違った発見がある。それは「日常」から遊離した非日常の「出来事」としてデモに参与する人々と，「日常」を「出来事」に持ち込んだ参加者の姿だ。なぜG8サミット抗議行動の参加者がデモの場に「知人情報の塊」を持

ち込まないよう注意したのかといえば、それはデモが逮捕の可能性を常にはらむ行動であり、労働や余暇、家庭生活といった日常を阻害する可能性をもつ「非日常」であるためだろう。だからこそ、彼らは携帯電話という「私生活」を代表するメディアをいったん脇に置いてデモという出来事に参入する必要があったのだ。

　一方、同じ場に居合わせて画像を撮った人々は、携帯電話という「日常」を出来事に持ち込んだために、デモ隊と機動隊の衝突という事件を記録できた。それは、「日常」においては私たちの生活を守るはずの警察が、権利を害する者として立ち現れた「非日常」への反転の瞬間ともいえる。その意味で彼らはまさに、「日常」と「出来事」の間にいたと考えられる。

　このように考えたとき、「日常」と「出来事」を捉える際に「キャンプ」はどのような意味合いをもつか。キャンプでみられる一つひとつの営みは、ある種日常生活そのものだ。ゴミ出しをする、隣人とコミュニケーションをとる、料理を作る……これらは徹底して「日常」での実践であり、外形だけをみれば、私たちが住居や学校ないし職場で行うものと同じであるだろう。しかし、それが「旅」や「メディアセンター」を通じて多くの人に見られ学ばれるとき、また「キャンプ」そのものがメディアとして表象されるとき、それは日常の延長ではなく、日々の生活とは切り離された「出来事」となる。デモにおける電話というメディアが「日常から遊離した出来事」あるいは「日常の延長としての出来事」を示す媒介となる一方、キャンプにおけるメディア、あるいはメディアとしてのキャンプそれ自体が、「日常を出来事化する」性格をもつといえる。

　メディアは社会運動に参加する人々の日常と出来事をつなげもすれば、日常と出来事を切り離しもする。日常生活の延長線上にあるものとして運動を捉えるならば、デモをより親しみやすいものにする。一方、日常と遊離した出来事として運動を行うことで、デモ独

自の高揚や祝祭性を感じると同時に、日常のなかにある利害関係を脇におき、他者を批判する意識を強くもつこともできるだろう。自宅や勤務先では何となくこなしているライフスタイルの実践も、出来事としてフレームアップされれば、他者に見られるゆえに、政治的な営みとしての意義を強められるかもしれない。

　さらにいえば、私たちのなかで、日常と出来事は互いに循環し合っている。朝に起き、昼は学校に行き、夜にデモに参加するという一日があったとしよう。私たちは昼に学校で感じたこと、友だちと語りながら思ったことを、デモに向かう電車のなかでスマートフォンに打ち込む。もし逮捕の危険が少ないような活動であれば、打ち込んだ文章をそのままスピーチの「台本」にするかもしれない。もし個人情報を持ち込むことに危機感があるなら、友だちにスマートフォンを預けることになるだろう。そして参加したデモでは、私たちは障害のある参加者や子どもが歩きやすいようにしたり、怪我をさせたりしないように配慮し、経済的に不安定な状況下で活動する仲間のスピーチに耳を傾けるだろう。

　その翌日、私たちの日常は、前の晩に経験した出来事の影響を確かに受けているはずだ。昨日までは近くにあるコンビニエンスストアのバイトの時給や待遇を気にすることなどなかったのに、労働問題に関するスピーチを聞いた後だと、バイト募集の張り紙がやけに気になったりする可能性は十分にある。あるいは、デモのときと同じように、エレベーターや地下鉄の車内で子ども連れの人に配慮するようになるかもしれない。社会運動は、私たちの日常と限られた時間と空間のなかでの出来事、双方において実践可能である。なぜなら日常は出来事に対して、また出来事も日常に対して相互に影響を与えているためだ。さらに、日常と出来事の間には常に社会運動のなかで用いられるメディア、そして社会運動というメディアがあるのだ。

> ●ディスカッションのために
> 1 本章における携帯電話（スマートフォン）の役割について 2008 年 G8 サミット当時と近年の違いに注意しながら記述にしたがって整理してみよう。
> 2 1での整理と比較しながら、日常生活において自分の携帯電話が果たしている役割について考えてみよう。
> 3 あなたにとって「日常」とは何か、「出来事」とは何か、本章の記述と1, 2 の問いを参考にしながら周囲の人と話し合ってみよう。

●引用・参考文献

佐藤健二（2012）.『ケータイ化する日本語―モバイル時代の"感じる""伝える""考える"』大修館書店

高橋源一郎・SEALDs（2015）.『民主主義ってなんだ？―まだこの国をあきらめないために』河出書房新社

田原 牧（2008）.「情況への発言 墓守日誌（3）反G8闘争―「おとしまえ」はいま、どこをさまようのか」『情況 第三期』9(7), 97-101.

富永京子（2016）.『社会運動のサブカルチャー化―G8サミット抗議行動の経験分析』せりか書房

ミレット, K./藤枝澪子・加治永都子・滝沢海南子・横山貞子［共訳］（1985）.『性の政治学』ドメス出版（Millett, K.（1970）. *Sexual politics*. New York: Doubleday.）

Brown, G., Feigenbaum, A., Frenzel, F., & McCurdy, P.（eds.）（2017）. *Protest camps in international context: Spaces, infrastructures and media of resistance*. Bristol: Policy Press.

Feigenbaum, A., & McCurdy, P.（2016）. Protest camps as media stages: A case study of activist media practices across three British social movements. In R. Figueiras, & P. do Espírito Santo（eds.）, *Beyond the internet: Unplugging the protest movement wave*. New York: Routledge, pp.31-52.

Feigenbaum, A., Frenzel, F., & McCurdy, P.（2013）. *Protest camps*. London; New York: Zed Books.

第12章

人=メディアとしてのバンドマン
共有される夢の実現／断念物語
野村　駿

　「ELLEGARDEN 10 年ぶりの復活」。「Aqua Timez 2018 年の活動をもって解散」。2018年5月，二つのバンドが舵を切った。多くの人にとって，自身の愛好するミュージシャンの進退に一喜一憂する経験は身近なものだろう。

ライブハウスのステージ
（バンドマンCさん作成）

　また，SNS 上では，メジャーデビューを夢みて活動するミュージシャンが自身の進退について語っている。そこには，自身の成功を高らかに報告する夢を実現したミュージシャンがいる一方で，メンバーの脱退，バンドの解散，夢追いの断念に際して，「謝罪」を含めたメッセージを投稿するミュージシャンもいる。

　以上のように，さまざまなメディアを通して，ミュージシャンの進退に関する多くの物語が伝達されている。こうしたメディア上で伝えられる物語を「表」の物語とするならば，本章で検討するのは，その背後で秘密裏に語られ，伝えられる「裏」の物語である。「表」には決して出されることなく，ミュージシャンの関係性を通してのみ伝えられる「裏」の物語にはどのような内容が含まれているのだろうか。本章では，夢を追うバンドマンの語りを用いて，「裏」の物語の内実を描き出してみたい。

1 はじめに

　これまで，夢を追う若者の生き様は映画やドラマのテーマとして繰り返し使用されてきた。運命に支えられて一挙にスターダムを駆け上がる者，反対に，運命に見限られて夢の実現を諦める者など，夢の実現の可否をめぐってさまざまな物語(ドラマ)が紡ぎだされている。最近でいえば，GReeeeN の誕生を描いた『キセキ―あの日のソビト』(2007年・日本，監督：兼重淳)や，夢をもって漫才の世界に身を投じる若者の姿を描いた『火花』(2017年・日本，監督：板尾創路)などは記憶に新しいだろう。

　しかし，以上のような若者の姿は何も映像の世界に限られるものではない。本章で検討するのは，「音楽で成功する」「音楽で生計を立てる」といった夢を掲げ，その実現に向けて実際に活動するロック系バンドのミュージシャン（以下，バンドマン）の現実の姿である。

　本章では，実際の音楽活動のなかでバンドマンに共有される物語に着目する。具体的には，「どのようにして夢を実現したのか」という夢の実現に関わる物語（以下，実現物語）と，「なぜ夢を諦めたのか」という夢の断念に関わる物語（以下，断念物語）の二つである。

　筆者はこれまでの調査のなかで，メジャーデビューを果たしてスターダムを駆け上がっていくバンドマンや，夢を諦めて第二の人生に進むバンドマンを数多くみてきた。しかし，こうした経験は筆者以上にバンドマンにとってより身近なものである。彼／彼女らは自分たちと同じように夢を追う周囲のバンドマンについて，「夢を実現してメジャーデビューを果たした」「夢を諦め，音楽活動から離れていった」など夢の実現／断念に関わって驚くほど詳細な情報を把握していたのである。そして，これらの物語は，バンドマン同士の関係性を通してのみ共有され，ファンなど，外部の他者には決して口外されることはなかった。

以上を踏まえ，本章では，バンドマンという人をメディアとして捉え，彼らによって共有される夢の実現／断念物語の内実を検討し，ポスト情報メディア論の可能性について論じていきたい。

2　夢を追うバンドマンの夢の実現／断念物語

分析を始める前に，バンドマンの活動世界について説明しておこう。まず，ライブハウスは現在でもバンドマンの活動場所として重要な位置を占めている。そこは，音響機材や照明機材などライブパフォーマンスを「魅せる」ための装置が完備されている点で路上(ストリート)とは大きく異なり，出演料さえ支払えば誰でもステージに立つことができる[1]。本章で取り上げるバンドマンもライブハウスを中心に活動している。

図 12-1 は，ライブハウスで活動するバンドマンの具体的な姿を図示したいと考え，バンドマンCさんに「ライブパフォーマンスをしているバンドマンの絵を描いて」と依頼したものである。図には，髪をふり乱しながらパフォーマンスをするベースやギター，ステージ後方で演奏するドラム，マイ

図 12-1　ライブハウスにおけるバンドマンのパフォーマンス姿

---

1) ライブハウスにはノルマ制という独自の賃金システムが存在する。ノルマとは，ライブハウス側から出演者に課せられるチケット枚数のことを指す。宮入 (2015) は，ノルマ制がライブ出演の敷居を低めたことによって，一方で，ノルマさえ満たせば誰でもライブに出演できるようになったが，他方で，それによって，ライブハウスの商業主義化が進み，集客もままならないようなイベントが頻発するようになったと指摘し，それをライブハウスの「発表会化」として問題視している。

ク片手にたたずむボーカルの姿が描かれている。彼／彼女らは,暗がりのライブハウスのなかで無数の照明と観客の視線を一身に浴びて,ライブパフォーマンスを行っているのである。

それでは,バンドマンに関して先行研究ではどのような議論がなされてきたのだろうか。音楽社会学をはじめとする音楽研究では,「ロックとは何か」といった音楽の真正性に関する議論が蓄積されている(南田,2001；石川,2014など)。そこでは「ロック」というジャンルに内包される対抗文化の性質とその変遷が主なテーマとなり,音楽を通して社会の変化が描き出されてきた。

こうした音楽そのものを対象とする議論が展開される一方で,ミュージシャンやファンといった音楽を生産・消費する主体に着目した研究も蓄積されている(永井,2016；平松,2017；中野,2017；成瀬,2017)。本章の分析は,バンドマンという出演者側の人間を対象にする点で,これらの先行研究と関心を共有しているが[2],プロとして活動するバンドマンではなく,プロになることを目指して活動する

---

2) クリストファー・スモール(2011：30)は,音楽作品を対象とした既存の音楽研究に対し,「人間――つまり,演奏したり,歌ったり,聞いたり,作曲をしたり,そして踊ったりする人間(ダンスと音楽が常にセットになっている文化は枚挙にいとまがないが,これはダンスが音楽的行為に不可欠だということを意味する)」を対象に,音楽的なパフォーマンスへの参加を具体的営為として研究の対象に据える必要性を論じている。本章では,バンドマンのパフォーマンスそのものを取り上げるわけではないが,彼／彼女らの営為を構成する一つの要素として物語の共有という事象を取り上げ,検討を加えることとする。
3) 当たり前のことであるが,バンドマンはプロとして活動する者ばかりではない。一方の極には,仕事としてバンド活動に携わる「プロ」がおり,もう一方の極には趣味としてバンド活動に関わる「アマチュア」がいる(宮入,2008)。これまでの研究はそのどちらかの極に偏った形で対象者を選定する傾向にあったが,本章では,二つの極の中間に位置するような,より正確にいえば,後者から前者に移動することを志向するようなバンドマンを対象にする点で先行研究とは異なっている。

バンドマンを対象としている点で大きく異なっている[3]。

　そしてこの対象者の質的な違いこそが，夢の実現／断念物語に着目する意義とつながっている。いうまでもなく，確実に夢を実現できる方法など存在しない。その時々の流行や自らの才能を見出してくれる他者と出会えるかどうかといった運に左右される度合いも大きい。

　また，夢を追うバンドマンは，プロではないため特定の組織に所属してもいない。それゆえ，ライブ出演を交渉し，ツアーを組んでくれるようなマネージメント企業，作品をPRしてくれるプロモーション企業などは存在せず，プロのミュージシャンであれば他に委託するであろうこれらの役割を自ら引き受けて，活動方針を日々決定しながら活動しなければならない。

　その際，バンドマンの間で共有される夢の実現／断念物語は，活動の方向性の道標として重要な役割を果たす。周りのバンドはどのように活動しているのか，成功したバンドはどのように活動していたのか，他のバンドの活動状況に関する情報を獲得することで，活動方針を定めていくことが可能になる。つまり，プロを目指す＝夢を追うバンドマンを対象にするからこそ，夢の実現／断念物語の共有状況に着目する必要があるのだ。

　夢を追うバンドマンは，夢の実現／断念をめぐって，いかなる物語をいかに共有しているのだろうか。次節以降では，具体的なデータを用いて，夢の実現／断念物語の内実を検討する。その結果からは，人＝メディアという視角でしか捉え切れない現実があることを指摘できよう。

3　共有される二つの物語の内実

❖夢の実現物語

　まずは，メジャーデビューに代表されるような夢の実現物語の内

実を検討しよう。先述したように、バンドマンには、一挙にメジャーデビューを果たしていくバンド仲間が身近に存在する。次に引用するAさんの語りからは、誰が売れたのか、誰が売れそうなのかについて豊富な情報をもつバンドマンの姿が浮かび上がる（以下、引用する語りにおいては、筆者の発言を＊で示す）。

＊：まわりで有名になった人とかいるんですか？ バンドの知り合いとかで。メジャーデビューするとか、事務所に入るとか。
A：それこそ、〈バンドa〉さんだったり、〈バンドb〉さんだったりとか。あと、〈バンドc〉の＊＊くんとかは仲良くして下さったり。＊＊くん以外のつながりはそんなないんで。〈バンドc〉とは対バンしたことはありますけど、ちゃんと面識があるわけではないです。でも、なんとなく対バンしたり、仲良いわけじゃないけど、出ていった方はたくさんいます。
＊：そういう人たちとライブやってた経験ってすごいですね。
A：悔しいけどね（笑）。まあでもやっぱり、出ていくバンドは、もうその前から兆しがありましたね。でも言ってもあれじゃないっすかね。〈バンドb〉さんとか、めっちゃすごいと思うんですよ。普通にメジャーバンドよりうまいと思ってるんですけど、でもやっぱり上に行けないものがあるっていう。なんか、ね。〈バンドb〉さんでなんでバイトせなあかんのだって思ったりしますもんね（笑）。
＊：名前だけで客とれる人たちじゃないですか。
A：ね。どっから音楽だけで行けるんだろうって思ったりしますよね（笑）。何その境界線？ みたいな（笑）。僕らがまだ知らんだけで、メディアにいっぱい出てるやつらでも、きっとバイトしてるやついるんだろうなって思います。厳し

いって言いますからね。

　Aは，有名になったバンドを複数挙げているが，特に重要なのは，〈バンドc〉と〈バンドb〉に関する語りである。まず〈バンドc〉に関して，その関係性がメンバー全員との直接的なコミュニケーションを介していないにもかかわらず，有名になったバンドの一つとして語られている。ここからは，バンドとバンドというグループ同士の関係性ではなく，あくまでもバンドマン個々の関係性を通して，夢の実現物語が共有されていることがわかる。

　続く〈バンドb〉に関する語りにおいて注目したいのは，夢を実現した後の見通しが語られていることである。A自身はメジャーデビューを経験していない。しかし，〈バンドb〉に関して，「なんでバイトせなあかんのだ」と語るように，たとえ夢を実現したとしても，その後の生活が安定するわけではないことが指摘されている。つまり，夢の実現物語は，夢を実現するまでの道のりだけでなく，夢を実現した後の状況に関しても情報を与えているのである。

✤夢の断念物語

　続けて，夢の断念物語の内実もみてみよう。夢の断念物語は，夢の実現物語と同様に重要である。なぜなら，そこには，夢を断念させる障壁に関する情報が含まれているからである。こうした障壁を回避することで，夢を追い続けることが可能になる。ここでは，バンドの解散に関する語りを分析する[4]。

　まず確認したいのは，バンドの解散がバンドマンにとって夢の実現以上に身近で起こりうるものだということである。次に引用する「僕はもう解散はくっそ経験しましたね。周りの」というAさんの語りはそれを明確に示している。続けてAさんはバンドを解散させる理由として，「メンバー内の仲違い」という理由を認めたうえで，

年齢・就職・結婚といったライフイベントに関わる理由を挙げている。

> A：僕はもう解散はくっそ経験しましたね。周りの。
> ＊：そういう人たちって，やっぱメンバー内の仲違いが原因ですか？
> A：そういう人もいますし，やっぱ年齢とか就職と結婚とか。まあ，ほんとに理由はさまざまですね。そのバンドでは曲を作れなくなったっていうバンドもいるし。

また，次に引用するBさんは「失踪」という新たな理由を指摘する。「失踪」とは，バンドマンの間で「飛ぶ」と呼ばれ，原因不明のまま音信不通になることを指す。

Bさんの語りで注目すべきは，「聞いた話」や「知り合いにはいないけど」という箇所に顕著なように，身近なバンドを参照することなく，「失踪」が夢の断念をもたらす理由として指摘されていることである。後に，「失踪」で辞めた知り合いとして〈バンドd〉のメンバーが想起されるが，「失踪」を理由として指摘した段階でこのメンバーの存在が参照されたわけではない。つまり，身近なバンドマンを参照するのではなく，あくまでも「聞いた話」に依拠する形で「失踪」という理由が指摘されているのである。

---

4) 夢の断念物語として，バンドの解散を取り上げることには異論があるかもしれない。確かに，バンドの解散は夢の断念と必ずしも一致するわけではない。しかし，バンドマンにとっての夢追いは，所属バンドと密接に関連した形で展開されている。彼／彼女らにとっては，そのバンドで夢を実現させることこそが目標とされており，両者を切り離して捉えることは適切ではない。よって，夢の断念物語としてバンドの解散を取り上げることは矛盾しないと考える。

> ＊：鬱とかでやめてく人もいるって聞いたけど。
> B：あー，でも，聞いた話では，それこそ失踪して連絡がつかないままやめてく人もいる。
> ＊：そういう人って多いの？
> B：まあ，結構見るかな。知り合いにはいないけど。
> ＊：そういう人がいるってことは聞いてるの？
> B：いや，でも〈バンドd〉のメンバーもそうだったな。

　以上，AさんとBさんの語りを用いながら，夢の実現／断念物語の内実を検討してきた。夢の実現物語では，誰が夢を実現できたのかだけでなく，夢を実現した後の生活に関する情報も共有されていた。一方，夢の断念物語に関しては，身近なバンド仲間だけでなく，直接的な関係のないバンドマンの状況が「聞いた話」として共有されていた。

　先に述べた通り，夢の実現を達成する確実な方法は存在しない。そうしたなかで，バンドマンは身近なバンド仲間を中心に，直接には関係のないバンドマンの状況も含めて広く夢の実現／断念に関する物語を共有していた。どのようなバンドが夢を実現し，また解散しているのか。こうした物語は，たとえその内容が気分を重くさせるものであったとしても，彼／彼女らが自身の活動の方向性を決める際に一つの資源として重要な役割を果たしていると考えられる。

4　メディアの多元性・物語の複数性

　前節では，バンドマン同士の関係性のなかで夢の実現／断念物語が共有されていることを示した。しかし，それとは別にTwitterやFacebookといったSNS，バンドのホームページなどでも夢の実現／断念に関わる情報が掲載されている。たとえば，夢の実現にあっ

ては「＊月＊日,メジャーデビュー決定」というメッセージが流され,逆にバンドの解散に際しては,「みなさんに重要なお知らせがあります」と題されたメッセージが載せられている。

これまでの情報メディア研究であれば,これらのメッセージを分析し,夢の実現／断念物語を捉えただろう。しかし,本章の分析において重要なのは,こうしたSNSやホームページで流される情報の中身とバンドマンが共有する物語の中身とが大きく異なっていることである。次に引用するCさんの語りからは,SNSなどで流される情報が巧みに操作されたものであることがわかる。

> ＊：〈バンドe〉ってどうなったの？ 解散したの？
> C：わかんない。詳しく聞いてないの？
> ＊：ちょっとは聞いたけど詳細は知らんな。
> C：メンバーが,鬱病みたいな感じになったらしくて。俺もそんなに詳しくないけど。
> ＊：あー,メンバーが病んじゃったパターンか。
> C：そうそうそう。なんか公では声が出なくなったって言っとったけど,ほんとはそういう,みたいな話は聞いた。

Cさんが語るのは,〈バンドe〉の本当の解散理由である。〈バンドe〉のSNSを検索すると,確かにCさんが述べるような理由（＝声が出なくなった）がバンド解散の原因として記載されていた。しかし,そうしたSNS上で流れる情報とは異なる事実が人＝メディアを介してバンドマンには伝達されていたのである。

それでは,なぜこうした情報のズレが生じるのだろうか。それは端的に,SNSがバンドマンにとってのパフォーマンスの場の一つとして位置づけられているからである。

> D：Twitter とかであんまり「イェーイ」みたいなツイートはしないとか。僕はしてるんですよ。ちょっと雰囲気ある言葉ですけど，もうそれはパフォーマンスだと思ってて。

　バンドマンにとって第一のパフォーマンスの場は，いうまでもなくライブハウスである。しかし，D さんの語りを踏まえるならば，彼／彼女らのステージはライブハウスにのみ存在するわけではない。SNS などの情報メディア空間も重要なパフォーマンスの場として認識されている。そして，そうしたパフォーマンスの場で，夢の実現／断念に関する本当の事情は語られない[5]。なぜなら，彼／彼女らはあくまでもバンドマンとして自らにふさわしいメッセージを発しているからである[6]。

　うわさの拡大・共有という事象を，その伝達手段となるメディアの特性に関連づけて検討した松田（2014）によれば，メディアによって伝えられるうわさの内容はメディアの形式に大きく依存している。本章で明らかとなった情報のズレも，メディアの形式によって伝えられる内容が変わったためだと解釈できよう。バンドマンはメディアの形式によって伝える内容を巧みに変えているのだ。

---

5) 本章では，夢の断念に関わる情報内容の違いを指摘したが，このことは夢の実現物語でも見出せる。匿名性の観点から詳細は記述できないが，「有名なオーディションにおいて，主催者側との親密な関係性から有利な立場にあったことで，メジャーデビューが容易に達成できた」という物語がそれにあたる。この情報は SNS などの情報メディアでは確実に伝えられないばかりか，人＝メディアを介した場合であっても一部の仲間内で秘密にされている。
6) この点をさらに理解するためには，バンドマンのふるまいに関する規範を検討する必要がある。事例は異なるが，「男らしさ」を演じるホストの実践を検討した木島（2009）の研究が参考になるだろう。

5 おわりに

　本章では，人＝メディアという視角から，バンドマンに共有される夢の実現／断念物語の内実をみてきた。本章の知見を踏まえ，最後に，ポスト情報メディア研究の可能性について論じたい。

　本章の検討において，最も重要な知見は，バンドマンがメディアの種類に応じて伝える内容を変えていたことである。人＝メディアを介して彼／彼女らは，SNS上では共有できない夢の実現／断念に関わる本当の物語を共有していた。情報メディア研究の多くがSNSなどの新しいメディアに着目するとすれば，本章の検討が示すのは，そうした視点からは漏れ落ちる別の現実があるということである。研究対象の実態をより包括的に捉えるためにも，SNSといった情報メディアにのみ照準するのではなく，人＝メディアを含めた複数の視点でアプローチすることが重要となる。

　また，今後の発展可能性として，夢の実現／断念物語の語られる場所の問題を指摘しておこう。先述の通り，バンドマンにとってライブハウスやSNSなどのメディア空間はパフォーマンスの場であった。そうなると，夢の実現／断念物語がいったいどこで共有されているのかが次の課題として浮上する。誰がそこにいるのかによって，伝えられる物語の内容が変化すると考えられるからである。彼／彼女らがどこでどのような物語を共有しているのか，夢の実現／断念物語を人＝メディアという視角だけでなく，場所＝メディアという視角も用いて，より詳細に検討することが求められるだろう。

●ディスカッションのために
1 本章における夢の実現物語と夢の断念物語とは何か，記述にしたがって整理してみよう。
2 本章でふれられていたようにSNS上での発言と，口頭のコミュニケーションで異なる情報が流通する事例が日常生活においてあるだろうか。そしてそれぞれの情報はどのように違うのか。振り返って考えてみよう。
3 2で考えた事例について，本章でふれられているメディアの形式の違いに注目しながら，なぜそのようなことが起こるのか，周囲の人と話し合ってみよう。

●引用・参考文献
石川千穂 (2014).「「社会」をめぐる話法としての対抗文化―日本のロック雑誌の変遷から」『年報社会学論集』27, 13-24.
木島由晶 (2009).「「男らしさ」の装着―ホストクラブにおけるジェンダー・ディスプレイ」宮台真司・辻 泉・岡井崇之［編］『「男らしさ」の快楽―ポピュラー文化からみたその実態』勁草書房, pp.137-168.
スモール, C.／野澤豊一・西島千尋［訳］(2011).『ミュージッキング―音楽は「行為」である』水声社 (Small, C. (1998). *Musicking: The meanings of performing and listening*. Hanover, NH: Wesleyan University Press.)
永井純一 (2016).『ロックフェスの社会学―個人化社会における祝祭をめぐって』ミネルヴァ書房
中野 哲 (2017).「東京ライブハウス文化の転換と再構築―中規模店舗のブッキングイベントを事例に」毛利嘉孝［編著］『アフターミュージッキング―実践する音楽』東京藝術大学出版会, pp.155-183.
成瀬 厚 (2017).「音楽的星座―徘徊し，集うミュージシャンとオーディエンス」神谷浩夫・山本健太・和田 崇［編］『ライブパフォーマンスと地域―伝統・芸術・大衆文化』ナカニシヤ出版, pp.86-105.
平松絹子 (2017).「グローバル時代のインディー・ミュージック―アンダーグラウンド音楽文化のエスノグラフィーからみるアーティスト活動の実態」毛利嘉孝［編著］『アフターミュージッキング―実践する音楽』東京藝術大学出版会, pp.249-278.

松田美佐 (2014).『うわさとは何か―ネットで変容する「最も古いメディア」』中央公論新社
南田勝也 (2001).『ロックミュージックの社会学』青弓社
宮入恭平 (2008).『ライブハウス文化論』青弓社
宮入恭平 (2015).「発表会化するライブハウス」宮入恭平［編著］『発表会文化論―アマチュアの表現活動を問う』青弓社, pp.179-200.

第13章

〈廃墟〉を触発するメディア
〈廃墟〉が生成するネットワーク
木村至聖

「廃墟」というとどのようなイメージをもつだろうか。危なそう，不気味，暗い，汚いなどネガティブなイメージも多いかもしれない。その一方で，こうした廃墟に魅力を感じ，実際に現場を訪れる人たちがいる。そこまでいかなくとも，心のどこかで廃墟という言葉，場所，イメージが気

兵庫県神戸市の「摩耶観光ホテル」（許可を得て筆者撮影）

になっているという人もいるはずである。1990年代末頃から2000年代初頭にかけて，雑誌や写真集，インターネットなどを舞台として「廃墟ブーム」と呼ばれる現象が起こったが，それはまさにこうした「ちょっと気になっている」という人たちを巻き込んだからこそ生じたものだったといえる。とはいえ，こうした一時的なブームという視点からだけでは，廃墟をめぐる人・モノ・場所のネットワークの広がりを見落としてしまうだろう。本章では，廃墟が人々をひきつけ，人々が廃墟に影響を与え，その間で制度やインフラが重要な役割を果たしていく歴史的プロセスに注目してみよう。

1 廃墟の「額縁(フレーム)」としてのメディア

　1990年代末頃から2000年代初頭にかけて、雑誌や写真集、インターネットなどのメディアを舞台として「廃墟ブーム」と呼ばれる現象が起こった。この時期には、廃墟の写真集が短期間に集中して出版され[1]、『廃墟の歩き方』(栗原, 2002)といったようなハウツー本も話題となった。これによって実際に廃墟を探索する人々も増加し、それはメディアなどでスキャンダラスに報道されることもあった[2]。

　ここでいう「廃墟」には、朽ち果てた工場や炭鉱施設、リゾートホテルや遊園地、さらにはアパートや一軒家の廃墟といった住居まで、実にさまざまな対象が含まれている。そしてこうした廃墟に関心をもつ人々(本章では総じて「廃墟マニア」と呼ぶ)にも、実際に廃墟に行って探検する「探索派」や、写真などで見て楽しむ「鑑賞派」といったスタイルがあり、さらにその廃墟の歴史などの関連情報を自ら追究する人もいれば、逆にそういった情報をありのままの廃墟を楽しむうえでノイズになると嫌う人もいる。

　だがまず本章で考えてみたいのは、そうした廃墟そのもの、またそれへの関わり方の多様性にもかかわらず、現代日本社会において

---

1) 谷川渥 (2003) によれば、写真集における「廃墟ブーム」は、東松照明『廃園』(PARCO出版, 1997年)、宮本隆司『九龍城砦』(平凡社, 1997年)による第一次廃墟写真ブームがあり、第二次ブームとして、小林伸一郎の『廃墟漂流』(マガジンハウス, 2001年)や栗原亨の『廃墟の歩き方』(イーストプレス, 2002年)などにみられるものが挙げられる。
2) 『朝日新聞』2002年6月18日付朝刊には「若者に廃墟ブーム、冒険気分で探索楽しむ―身近な怖さに触れたい?」という記事があり、廃墟の写真集が売れているのと同時に、10代・20代の若者が廃墟の「探索」の行動に出ていることが紹介されている。また、同じく『朝日新聞』の2002年10月29日付夕刊には「廃虚ブームに水差す「侵入」―地元「マナー守って」」という見出しで、閉鎖された旅館跡などに許可なく侵入する若者が後を絶たず、地元住民が頭を悩ます様子が紹介されている。

「廃墟ブーム」のような集合的現象が起こるのはなぜか，ということである。

そもそも，「廃墟が好き」という「廃墟趣味」は，現代の日本社会ならではのものというわけではない。たとえば18世紀のヨーロッパでは風景画家が好んで廃墟を描いたし，ユベール・ロベールなどは当時まだ開

図13-1 《廃墟となったルーブルのグランド・ギャラリーの想像図》（1796年，所蔵：ルーブル美術館）

館したばかりだったルーヴル美術館をわざわざ廃墟の姿で描いたりもしている（図13-1）。そして19世紀に写真が出現すると，写真家たちはヨーロッパの帝国主義も手伝って，植民地の廃墟＝遺跡を撮影する旅にこぞって出かけた[3]。

こうした事例を振り返ってみると，そこには必ず何らかのメディアが介在していることがわかる。すなわち，18世紀であれば風景画，19世紀であればカメラ＝写真，そして20世紀末になるとインターネットといった具合である。こうした廃墟のイメージの媒介物＝メディアは，廃墟という，いわば社会において商品価値を失ったものを，別の視点から注目すべきものとして提示し，人々に共有させるという，「額縁（フレーム）」のような役割を果たしていると考えられる。

2 インターネット・SNS時代の廃墟趣味

❖インターネット空間における「同類結合の原理」

それでは，インターネット時代における「廃墟趣味」とは，どの

---

[3] こうしたヨーロッパにおける廃墟趣味の展開については，木村（2014）の第2章でも詳しく紹介している。

ような特徴をもったものなのだろうか。1990年代以前にも，廃墟にひかれてやまず，実際に廃墟を訪れる人は，少なからずいたはずだが，「廃墟趣味」はある種の背徳性や反社会性といった性質を帯びることがあるためか，他者に広く共有されることはまれであった。それが，1990年代末からの家庭用PC，インターネットの爆発的普及を背景として，廃墟系のホームページが出現したことで変わり始めたのである。たとえば『廃墟explorer』[4]というホームページは，2000年に開設され，実際に「廃墟探索」を行ったレポートを写真付きで紹介するもので，多くの廃墟マニアが影響を受けたものとして挙げている。後にこのサイトの管理人である栗原亨氏は出版メディアにも進出し，『廃墟の歩き方』(2002) などの書籍も刊行して「廃墟ブーム」を牽引した。

岐阜県にある神岡鉱山の「廃墟」にひかれ，同人誌を発売するとともに，現在も足繁く通う廃墟マニアのよごれん氏は次のように語っている[5]。

> その当時（2000年代初頭）はそういうサイト（廃墟サイト）もあんまりなかった状態でしたので，やっぱり我々のバイブル的な存在だったのは栗原さんの『廃墟の歩き方』ですかね。……（そういう本を）結構あの頃買ってましたので，その本を見て行ったような感じですね。
> 栗原さんの『廃墟explorer』サイトとか本がなければ，ここ

---

4) http://www2.ttcn.ne.jp/hexplorer/ （最終閲覧日：2018年7月2日）
5) よごれん氏には2018年2月25日に約2時間の聞き取り調査を実施し，許可を得て録音した記録を文字に起こした。引用箇所はその文字起こし原稿からの引用である。なお，よごれん氏は廃墟関連の出版物に実名でも執筆しているが，ここではインターネット上のハンドルネームを呼称として用いている。

> まで廃墟っていう趣味のジャンルは確立されてなかったんじゃないかなと思うぐらい，大きなきっかけになったと思いますね。

　よごれん氏は，そもそも「国道」にもかかわらず整備が不十分で，一般乗用車の通行が困難な道＝「酷道」を専門的に紹介するホームページを運営していることで有名な人物だが，「酷道」を走る途中で数々の廃墟に出遭うこともあり，多くの廃墟に関する情報も発信している。2001年頃にそのサイトを開設し，1，2年経つと徐々にメールで「一緒に行きたい」という連絡がくるようになったという。

> もともとみんなやっぱり廃墟が好きな人なんですけど，それまで誰ともつながりを持ってなくて，ただ一人で廃墟が好きだなって廃墟に実際に行ったり，あと行ったことがないけど写真を観るのが好きだと，でも実際に行ってみたいという人から連絡いただくことが多いですね。

　このように，それまでは個人の内に秘められた趣向だった廃墟への関心が，インターネット上のホームページを介して「同類」を結びつけ，その共感の環を徐々に集合的なものにしていったのである。都市社会学者のC. S. フィッシャー（2012）は，異質性の高い人々が大量に集住した都市においては，自分と同じような価値観や嗜好性をもっている人々の結びつき（同類結合）が促進され，多様な下位文化（サブカルチャー）を形成するという理論を展開したが，ここでみた「廃墟趣味」もまた，一定の匿名性のもとに種々雑多な情報が飛び交うインターネット空間ならではの同類結合と，それによるサブカルチャーの形成の例としてみることができるのではないだろうか。インターネットというメディアは，廃墟と人をつなぐだけでなく，廃墟に関心をもつ人と人をつなぐ役割を果たしたのである。

❖ SNS 黎明期における「mixi」の役割

　さらに，いわゆるSNS（ソーシャル・ネットワーキング・サービス）の普及は，廃墟マニアの世界にも新たな局面を生じさせた。2018年現在，日本ではFacebookやTwitter，LINE，Instagramといったsnsが活発に利用されているが，日本発で，より早い時期に大きな影響力をもったサービスとしてmixiを挙げることができるだろう。2018年現在はSNSとしての主役の座をLINEやTwitterに奪われてしまったmixiだが，ここで少しその特徴を確認しておこう。

　mixiは2004年にサービスを開始したSNSで，2005年8月には会員数100万人を超え，2010年の4月には2000万人を突破したことが公表されている[6]。その特徴として，第一に，開始当初は完全招待制をとっており，すでに入会している登録ユーザーから招待を受けないと利用登録ができなかったことがある（ただし2010年より招待なしでも登録できるようになった）。第二に，「日記」をサービスの中心としていることである。早稲田大学IT戦略研究所（2006）の分類によれば，ネットコミュニティの構造は，みんなが集う「メイン会場」をもつ「メイン会場集結型」と，mixiのように参加者個人がウェブ上に保有できる「小（個）部屋」をもち，そこに友人同士が訪問し合う「小（個）部屋訪問型」がある。mixiはこの「小（個）部屋」である「マイページ」の中心に，参加者個人のプロフィール（実名登録が推奨されている）と，最新の日記が表示される。そして，この「日記」は誰でも閲覧できるか，お互いに「友人（マイミクシィ）」として承認し合った相手のみが閲覧できるか，といった公開の範囲を設定できる。

　こうした特徴から，mixiはすでに現実（リアル）の対面的人間関係のある友人同士などが，お互いを招待して，日記を公開し合うと

---

[6] CNET Japanによるミクシィ代表取締役社長・笠原健治氏へのインタビュー記事（鳴海, 2010）を参照。

いう，ある程度クローズドなコミュニケーションを主体として始まったといえる。実際，先述の早稲田大学IT戦略研究所（2006）の調査によれば，mixi上の「友人」のうち，実際に知らない相手の割合が1割未満の利用者が回答者の7割強を占めていた。つまりmixiはそれまで匿名性の高かったインターネット空間において，かなりの程度リアルに根差したコミュニケーションの場を提供していたということがわかる。

　その一方で，mixiのもう一つの大きな特徴であった「コミュニティ」の機能は，より新しい関係に開かれたものであった。mixiコミュニティは，同じ趣味や関心事をもつ人たちが集まる掲示板のような機能であり，個人のプロフィールにも参加中のコミュニティが表示される。これを見て，友人と同じコミュニティに入ることもできるし，既存のコミュニティを検索して参加することもできる。参加したいものがなければ自らコミュニティを新設して管理人になることもできる。こうしたコミュニティのなかで，必ずしもリアルな付き合いがない他の利用者との接点ももつことになるのである。

❖ SNSをきっかけとした「合同探索」

　2018年4月末現在，mixiのコミュニティで「廃墟」と検索すると，参加人数が多いものの上位に，「廃墟・廃線」（43,157人），「近代建築／廃墟と戦跡／近代化遺産」（16,360人），「廃墟マニア」（11,780人）などが並び，全体では194件のコミュニティがあり，そのうち参加人数が1,000人以上のものだけでも10件を数えた。そしてなかには「合同探索」という言葉を冠したコミュニティもある。もっともこれは現在でも活発に利用している人数ではないだろうが，一応リアルな人間関係もみえるmixiという空間で，廃墟に関心があるという人が1万人を超えるコミュニティを形成していたという事実には注目すべきである。

さて，これによって廃墟マニアの世界にどのような変化が起きたかといえば，一つには趣味としての敷居を下げたことと，もう一つはバーチャルからリアルへの人間関係を促したことが挙げられるだろう。まず，mixiのコミュニティへの参加は，廃墟系のホームページの管理人に直接メールをするよりは比較的気軽に参加することができたため，なかにはいわゆる「初心者」も多く含まれたと考えられる。次に，リアルな人間関係を主体とし，実名参加が推奨されており，友人（マイミクシィ）になれば日記の閲覧などを通じて相手の日頃の活動をのぞくことができるという点で，それまでのインターネット上の匿名掲示板などでのやりとりよりも相手への信頼感は高く，「オフ会」などで実際に会ってみることへの精神的な障壁が低くなったと考えられる。

こうしたmixiのシステム上の特徴が，廃墟に関心はあったが，実際には行ったことがなかった人と，それまで孤独に探索行動をしていた人を結びつけ，「合同探索」を可能にすることで，廃墟の楽しみ方が本格的に集合化していったのである。

③ メディアとしての廃墟と廃墟マニア

❖産業遺産という可能性

こうして，「合同探索」のような廃墟マニアの集合的行動がピークを迎えたのが，ちょうどSNSとしてのmixiの全盛期にあたる2000年代後半のことである。だがこうした廃墟趣味の集合化は，廃墟マニアにとってジレンマとなるような事態を引き起こした。産業遺産探検家の前畑温子は，廃墟が好きで活動していくなかで，現地の方に「君たちのような若い子たちが勝手に入ってしまうから，なくなってしまう物もあるんだよ」と言われてショックを受けたエピソードを書いている。目的地の廃墟が，無許可での侵入者が多い

ことを問題視した会社側によって，危険を理由に解体されてしまったというのである（前畑, 2014：25）。

このように，所有者・管理者が危険と判断して施設を解体してしまう背景には，廃墟マニアによる合同探索の増加があったと考えられる。これは廃墟マニアにとっては，廃墟が好きで訪れるほど，廃墟が失われていくというジレンマをもたらした。では，これに対して，廃墟マニアたちはどのように反応したのだろうか。

一つの興味深い方向性として，廃墟をある種の「文化遺産」とみなし，それを突破口に何らかの保存の糸口を探究するというものが挙げられる。たとえば「産業遺産」といった概念は，2000年代後半に急激な普及をみせ，役割を終えた工場や炭鉱の施設も，「文化遺産」として保存する価値・意義があるという社会的了解を取りつけやすくなったといえる。少しさかのぼれば，文化庁が1990年より「近代化遺産」という用語を用いて全国の総合調査を開始しており，これとはまた別に，2007年には経済産業省が，地域活性化のために有効活用するという視点で，独自に「近代化産業遺産群」33件の認定を行っている（2009年にもさらに33件が追加された）。

こうした時代のトレンドは，廃墟マニアにとってみれば，自分たちの関心の対象（商品価値を失った建造物）が，少なくとも取り壊しの危機を免れる可能性を得るわけであり，また一方の廃墟の所有者や地元社会にとってみれば，廃墟マニアの存在は，その廃墟の（文化遺産とまではいかずとも）観光資源としての潜在的可能性を示す指標となったのである。

とはいえ，廃墟マニアの側でも，「産業遺産」のような用語は決して廃墟を解体から守るための方便として用いられただけではなかった。現実に廃墟を訪れ，現地の人々と触れ合うなかで，それがただ打ち捨てられた奇妙なモノ＝オブジェというだけではなく，地域社会や関係者との深い関わりの歴史があるということを重く捉える

グループも生まれてきている。たとえば先の前畑温子らは2009年にNPO法人 J-heritage を立ち上げ，日本各地の産業遺産を正式に許可を得て記録しつつ，ヘリテージ・ツーリズムの仲介やプロデュースを通じて産業遺産の保存や活用に協力する活動を行っている。

❖「廃墟」をめぐる人・モノ・場所のネットワーク

すでにみてきたように，現代日本社会における「廃墟」をめぐる人・モノ・場所のネットワークは，「廃墟ブーム」といわれたようなメディア現象を超えて広がってきている。まず，第1節で確認したように，風景画や写真（カメラ）といったモノ／技術が，廃墟を嗜むという人々の美意識を作り出してきた。そして現代社会においては，家庭用PCやデジタル・カメラの発達と普及，それによって作り出されるテキスト・写真データを不特定多数の人々が相互にやりとりすることができるインターネット環境の出現が，出版メディア（書籍）とも相まって，趣味の一ジャンルとしての「廃墟」を作り出したのである。こうしてみてくると，カメラのような装置やインターネットのようなモノ環境は，情報を媒介するいわゆるメディアというだけではなく，人々を廃墟へと突き動かす主体としての役割も果たしているといえるだろう。特に日本におけるSNS黎明期のmixiが若者を中心とする人々の趣味や関心をコミュニティという形でまとめ，リアル／バーチャルを超えた幅広い交流の場となったことは注目に値する。

次に，廃墟を趣味として行動する廃墟マニアも，その行動の主体であるだけではなく，廃墟という場所に他の廃墟マニアやそうでない人々をも連れてきて，廃墟に関するさまざまな情報・知識を伝達するメディアとしての役割を担っているとみることができる。その際特に廃墟マニアではない人々に対しては，SNSで発信する美麗な写真や，産業遺産のような新しい制度をリソースとして利用する

ことで，廃墟に関する価値観の転換を促すこともあったのである。このことは，廃墟の直接的な関係者や地元の人々に留まらない保存運動を形成するうえで見落とすことのできない要素である。

しかしもちろん，すべての廃墟マニアが「産業遺産」の保護のような立場に移行したわけではない。あくまで，文化遺産ではない，廃墟としての魅力を追求したいという立場も当然ある。先に紹介したよごれん氏も，こうした立場を次のように，「色んな行く末があるのが廃墟」と表現している。

> 産業遺産って言っちゃうと，なんとかして保存しようっていう方向しかないと思うんですけど，そうじゃなくて自然に朽ち果ててくのも，重機で壊されるのも，やっぱり色んな行く末があるのが廃墟かなって思ってますので。まだ今後もあるかどうかもわからないし，壊されるかも，保存されるかもわからないっていうところが，魅力でもあると思います[7]。

こうした姿勢からみえてくるのは，廃墟やそれを取り巻く環境に潔く身を委ねる受動的な廃墟マニアの主体のあり方である[8]。もっともその受動性は決して消極的なものではなく，廃墟「ならでは」の魅力を最大限に享受するという意味でむしろ積極的な意義をもっている。そこでは廃墟が（魅）力を行使する主体であり，人々をひきつけ，突き動かすのである。

以上みてきた通り，「廃墟ブーム」を単なるメディア上の流行現象として捉えてしまうと，今現在各地で起こっている人・モノ・場

---

7) 前掲注5に同じ。
8) こうしたモノ自体が人の意図を越えて訴えかけてくる可能性について，木村（2014）の補論では「無意志的記憶」という概念を手がかりに考察している。

所のダイナミックなネットワークを見落としてしまうことになる。廃墟はただそこにあるモノや場所なのではない。その時代ごとの技術の産物や制度化された価値観，廃墟にひかれる人，あるいはそうでない人たちの交流といったさまざまな要素の絡まり合いのなかで，朽ち果てるだけでなく常に生成変化しているのである。

【謝　辞】
本章の執筆にあたっては，廃墟マニアのよごれん氏，および前畑洋平氏・前畑温子氏（NPO法人 J-heritage）から，廃墟マニアの動向などについて多大な情報提供をいただき，また原稿の内容についても確認したうえで有意義な助言をいただいた。この場をお借りしてご協力に感謝したい。

> ●ディスカッションのために
> 1 廃墟をめぐる情報の共有がインターネットの登場とともにどのように変化したのか本章の記述にしたがって年表形式で整理してみよう。
> 2 「廃墟」以外にも「工場」「団地」「鉄塔」「ダム」などさまざまな建築物に興味をもつ人々のコミュニティがある。気になったコミュニティについて，そこでどのように情報がやりとりされ，どのような活動が行われているか，わかる範囲で検索して調べてみよう。
> 3 2で調べたことを周囲の人と共有してみよう。また自分の趣味についても何かコミュニティに関わっている場合は，どういったコミュニティとどのように関わっているのか，差し支えのない範囲で共有してみよう。

●引用・参考文献
木村至聖（2014）．『産業遺産の記憶と表象―「軍艦島」をめぐるポリティクス』京都大学学術出版会
栗原　亨（2002）．『廃墟の歩き方 探索篇』イースト・プレス
谷川　渥（2003）．『廃墟の美学』集英社
鳴海淳義（2010）．「mixiが2000万ユーザー突破―6年間の軌跡を振り返る」『CNET Japan』〈https://japan.cnet.com/article/20412079/（最終閲覧

日：2018年4月16日）〉
フィッシャー, C. S. ／広田康生［訳］（2012）．「アーバニズムの下位文化理論に向かって」森岡清志［編］『都市空間と都市コミュニティ』日本評論社, pp.127-164.（Fischer, C. S.（1975）. Toward a subcultural theory of urbanism. *American Journal of Sociology, 80*(6), 1319-41.）
前畑温子（2014）．『女子的産業遺産探検』創元社
早稲田大学IT戦略研究所［編］／根来龍之［監修］（2006）．『mixiと第二世代ネット革命―無料モデルの新潮流』東洋経済新報社

第14章

多様な「空間」をめぐる多彩な「移動」
ポスト情報観光論への旅

岡本　健

2018年に公開された『レディ・プレイヤー1』（米，監督：スティーヴン・スピルバーグ）という映画がある。この物語のなかでは，多くの人々がヴァーチャルリアリティの世界に暮らしている。も

『レディ・プレイヤー1』（ブルーレイ＆DVDリリースの公式HP）*

ちろん肉体はあり，現実の物理的世界も存在してはいるが，人々はそのなかでVRヘッドセットをかぶり，ヴァーチャルな世界で時を過ごしている。一方，2017年に公開された映画『ブレードランナー2049』（米，監督：ドゥニ・ヴィルヌーヴ）では，人間は宇宙に進出しており，レプリカントと呼ばれる人間そっくりのアンドロイドが闊歩しているが，地球では「大停電」によって電子的な情報の多くが一度失われた世界が描かれている。そこでは，物質性が重視され，情報の保存には物理媒体が使われている。両作品の主人公はそれぞれの世界で「重要な謎」を解くべく「移動」を行う。両作品は，かなり異なる姿の未来を描いているが，どちらもわれわれが暮らす現実の写し鏡になっている。本章では，「情報」と「物質」の観点から，われわれの移動，特に「観光」について考えてみたい。

*http://www.warnerbros.co.jp/readyplayerone/（最終閲覧日：2018年8月6日）

1 メディア環境の変化を複層的に捉える

2000年代後半以降,情報通信メディアのデジタル化,モバイル化,パーソナル化,ネットワーク化が進展し続けている。特に動画投稿サイトやSNS(ソーシャルネットワーキングサービス)の利用者数の増加は,情報環境の大きな変化を顕著に示している。

表14-1「各メディアの概況(2005年〜2017年)」の「デジタル」の項目を見てもらいたい。2018年7月現在,ユーチューバーやヴァーチャル・ユーチューバー(『ユリイカ』2018年7月号;にゃるら,2018)などが注目を集めているが,動画投稿サイト「YouTube」のサービスが開始されたのは2005年のことであった。2007年にはその日本語版が開始され,同年には,日本の動画共有サイト「ニコニコ動画」のベータ版も登場する。翌年の2008年には,SNSのTwitter,Facebookの日本語版のサービスが開始された。ちなみにmixiは,この年表より前の2004年にサービスが始まっている。

こうしたメディア環境の変化によって,人々の暮らしは大きな影響を受けている。ただし,新たなメディアが登場したインパクトを強調しすぎて,「人々の生活が大きく変化した」「既存のメディアが廃れてしまった」という理解に留まると,物事の一面しか捉えられない。本書全体の問題意識でもあるが,本章においても,最新のメディアの展開状況を追いながらも,それを「既存のメディアにとって代わるもの」や「全く新たな行動」というような単線的な理解とは異なる仕方で捉えていきたい。

2 観光におけるメディア

2008年に起こった世界的な経済危機(リーマンショック)による減少以降,国際観光客到着数は増加の一途をたどっている。国連世

第14章 多様な「空間」をめぐる多彩な「移動」

表 14-1 各メディアの概況（2005 年～2017 年）
（博報堂 DY メディアパートナーズ（2018：28-29）を基に、土屋（2018）からいくつかの出来事を盛り込んだもの）

生活・社会	年	テレビ	ラジオ	新聞	雑誌	デジタル	アウトドアメディア
愛知万博開幕／総選挙自民党圧勝	2005年	通信事業者のVODサービス			電子書籍94億円市場に／CanCamTV（ウェブ）	YouTube開始	
WBC初開催／サッカーW杯／トリノ五輪	2006年	ワンセグ開始／地デジ全国で開始	インターネットラジオ開始	SANKEI EXPRESS発行／47CLUB開始	「ニコニコ動画」創刊	モバゲータウンサービス開始／Wii発売／Twitter開始／番号ポータビリティ	表参道ヒルズ開業
郵政民営化	2007年		インターネットラジオ東京キー局5局／デジタルラジオ受信機発売		『AneCan』創刊	YouTube日本語版	
リーマンショック／北京五輪	2008年	ひかりTV地デジ再送信	3月3日を「ラジオの日」に	あらたにす開始	『SWEET』付録／付録ブーム	Facebook日本語版／Twitter日本語版／iPhone3G日本発売／Android発売	J・ADビジョン導入／デジタルサイネージ（駅）
オバマ大統領就任／総選挙民主党圧勝	2009年			紙面12段化加速	XBRAND／マガストア		イオンチャンネル開始（デジタルサイネージ）／3D映画
総人口3年ぶり減／少子高齢化進展／バンクーバー五輪	2010年	3Dテレビ	ラジコ（radiko.jp）設立／運用開始	『日経』電子版開始	XBRAND STORE本格始動	iPad日本発売	
東日本大震災／なでしこジャパン活躍	2011年	アナログ放送終了／地デジ化完了（岩手・福島・宮城以外）		『読売KODOMO新聞』創刊／『朝日新聞』有料電子版開始	『DOMANI』パンクサイズ場／SPUR.JP（ウェブ）	LINE開始	
ロンドン五輪／総選挙自民党圧勝	2012年	地上波デジタル放送完全移行				Facebook10億人突破	東京スカイツリー開業
2020年五輪東京開催決定	2013年	ハイブリッドキャスト開始	ラジコ（radiko.jp）アプリ日本版開設	『ハフィントン・ポスト』日本版開設	『DRESS』創刊	LINE登録者2億人突破	グランフロント大阪開業
ソチ五輪／消費税8%に	2014年	Hulu、日本テレビ傘下に／日本向けサービス開始	ラジコ（radiko.jp）プレミアム開始	ウェブニュース配信サイト・アプリ／『週刊少年ジャンプ』開始	『週刊文春』が業界初の元旦発売	Gunosy、Antennaなどのキュレーションメディア急成長	
北陸新幹線開業／マイナンバー通知	2015年	TVerサービス開始	ワイドFM（FM補完放送）	日本経済新聞社がフィナンシャル・タイムズ・グループを買収	電子雑誌の読み放題サービス本格化	Windows10リリース／Apple Watch発売	JR山手線E235系導入／4Kサイネージ登場
リオ五輪／Pokemon GO	2016年	リアルタイム・タイムシフトの視聴率調査統合（関東）	ラジコ（radiko.jp）タイムフリーサービス	中央2紙がプランドスタジオ設立	小学館とDeNAが共同出資会社［MERY］設立	iPhone7発売（Virtual Reality）商品化／Amazonプライム躍進	北海道新幹線開通
トランプ大統領就任／総選挙自民党圧勝	2017年	視聴ログの活用推進／AbemaTV『72時間ホンネテレビ』	ラジオクラウド開始			スマートスピーカー発売／iPhone8、iPhone X発売／インスタ映え流行	山手線E235系通勤型車両の運転開始

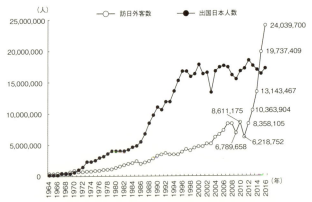

図 14-1 訪日外客数と出国日本人数の推移（1964 年〜 2016 年）
（日本政府観光局（JNTO）(2017) のデータを基に筆者作成）

界観光機関（UNWTO）のデータによると，2000 年には 6.8 億人であったのが，2011 年には 10 億人を突破し，2017 年には 13.2 億人まで増加した（観光庁, 2018）。なお，訪日観光客数も増加している（図 14-1）。東日本大震災の影響で 2011 年は 620 万人まで落ち込んだが，その後激増していく。2013 年には 1000 万人を超え，2015 年には出国日本人数を抜いた。これは，1970 年以来，45 年ぶりのことだ。そして 2016 年には 2400 万人となり，2000 万人を超えた。

人の移動である「観光」は，各種メディアと密接に関連している（遠藤他, 2014）。観光情報としてのメディア利用において，インターネットの存在感が増してきたのは 2000 年代以降だ。旅行情報源としてインターネットを活用している人の割合は 1999 年にはたった 7.3％だったが，2005 年には 30％を超え，2008 年には 40.8％に達して，それまで旅行情報源として長らく 1 位であった「家族・友人の話」を抜いた（岡本, 2014b）。

また，インターネットで情報を収集するのみならず，自分の旅行行動についてネットを通じて情報発信を行う旅行者が現れ始めた。たとえば，アニメ聖地巡礼がそうだ。これはアニメの舞台になった

第14章 多様な「空間」をめぐる多彩な「移動」 213

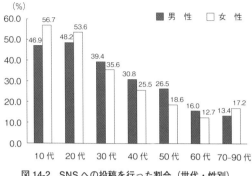

図14-2 SNSへの投稿を行った割合（世代・性別）

場所を探し出して訪ねるアニメファンの旅行行動である。アニメ聖地巡礼者の特徴の一つは，そのさまざまな情報発信や創作行為にあり，情報社会における観光旅行の一つの先駆的なあり方であった（岡本, 2013；2014a；2014c；2018b）。

現在では，積極的に情報発信を行う旅行者は，より一般的にみられるようになった。1964（昭和39）年から，観光に関する大規模調査を実施してきた『観光の実態と志向—国民の観光に関する動向調査』（日本観光振興協会）の2016（平成28）年度版および2017（平成29）年度版では，「観光旅行とSNS」という特集が組まれている。それによると，世代や性別によって違いはあるものの，国内宿泊観光旅行参加者のうちSNSに投稿したのは，2016（平成28）年度で全体の29.0％，2017（平成29）年度で全体の26.2％となっている。本調査では，世代，性別ごとのデータも出されており，2016（平成28）年度版，および，2017（平成29）年度版に掲載されたデータの平均値を求め，グラフ化した（図14-2）。

性別，世代別にみていくと，「女性・10代」が最も多く56.7％である。次に「女性・20代」が53.6％で続く。女性は30代になると18ポイント減少して，35.6％になる。「女性・20代」に次いで多いのは，「男性・20代」で48.2％だ。次に多いのが「男性・10代」で

46.9％となり，男性も30代になると39.4％に減少している。ただし，その差は8ポイントで，女性より減少幅は少ない。10代，20代，70-90代では女性の割合が高く，30代から60代では男性の方が高い。これらを総合すると，男性も女性も10代，20代でSNSに投稿する人が他世代よりも多く，男女を比べると，女性の方が多いといえるだろう。

このように，観光との関係におけるメディアの役割は，「観光情報を取得する媒体」や「観光動機を醸成する媒体」「体験を発信する媒体」といったん整理できる。ここからは，さらに質的な変化も含めて「観光とメディアの関係性」について考えていきたい。

3 観光概念のアップデート：現実空間，情報空間，虚構空間

観光の定義にはさまざまなものがあるが，身体的な移動が前提となっているものが多い。一方で，第1章でも言及したように，アンソニー・エリオットとジョン・アーリの『モバイル・ライブズ――「移動」が社会を変える』(2016) のなかでは，「身体的な旅」以外に，「モノ」の物理的な移動」「イメージを通じて生じる「想像的な」旅」「ヴァーチャルな旅」「コミュニケーションの旅」が提示されている（エリオット・アーリ, 2016）。スマートフォンを持ちながら旅行を行う場合は，「身体的な旅」と「ヴァーチャルな旅」が融合していると捉えることができる（富田, 2014）。

筆者はこれまで，アニメ聖地巡礼，コンテンツツーリズム，UMA（未確認動物）観光，アイドル，ゾンビ，Pokémon GOなどを考察の対象として，現実空間，情報空間，虚構空間という三つの空間を前提とした観光観の必要性を主張してきた（岡本, 2013；2015a；2015b；2016a；2016b；2017；2018a）。

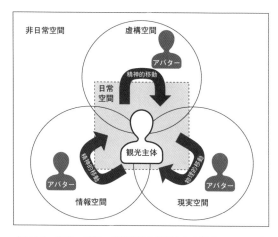

図 14-3　現実・情報・虚構空間を前提とした観光のイメージ

　現実空間とは，われわれの身体が存在する空間のことを指す。とはいえ，ことはそう単純ではない。現実空間の認識が，人によって多様であることには注意が必要である。たとえば，現実認識の方法が違えば，世界の見え方や捉え方は異なる（ユクスキュル・クリサート，2005）。人間とその他の動物では当然異なっているし，同じ人間であっても，属する文化や社会，これまでの経験などのバックグラウンド，あるいは，認知，意味づけの仕方によって目の前に見える現実は変化する。

　情報空間とは，インターネットなどのメディアを通して接続可能な空間のことを指す。「インターネット空間」（小山，2011）や「サイバー空間」（富田，2009）という言葉で表されるもののことだ。物理的に空間があるというよりは，ネット上に「想定される」空間である。ウェブのブラウジングを「ネットサーフィン」や「ネット巡回」と比喩的に呼ぶことがあるが，このときに想定される空間を指すと考えればよい。

虚構空間とは，コンテンツによって描き出される空間だ。「虚構世界」や「物語世界」という言い方がなされることもある。こちらも，情報空間と同様に，コンテンツ体験者の頭のなかで「想像される」空間だ。虚構空間は，さまざまな現実的な刺激と人間の脳の働きによって生み出される。たとえば，ゲームの場合，虚構世界は大きく以下の9点によって構築されるという（ユール，2016）。「グラフィック」「サウンド」「テキスト」「カットシーン」「タイトル，説明書，パッケージ」「ハプティクス」「ルール」「プレイヤーの行為と時間」「うわさ」である。

つまり，ここで提唱したいのは，現実空間上の身体的移動のみならず，情報空間や虚構空間への精神的移動も含めて「観光」と捉える考え方だ。そして，今回，新たに「アバター」概念を付け加える。これは，観光主体の身代わりとなる「物質」や「情報」であると考えてもらえればよい。ここからは，前頁の図14-3を基にしながら，現代に特有のいくつかの事象の分析を試みていきたい。

❹ 現実を「脱出」する観光

SCRAPによる「リアル脱出ゲーム」が人気を博している。複数名の参加者が集まって謎解きを行い，その場所から脱出することを目指す体験型イベントだ。そもそも，インターネット上でプレイするゲームのジャンルとして「脱出ゲーム」と呼ばれるものがあり，それを現実空間で実施するものであるため「リアル」脱出ゲームと名づけられた。初回のリアル脱出ゲーム『謎解きの宴』は2007年7月7日に京都で実施されている。

リアル脱出ゲームを体験するには，期間限定イベントの会場に行く方法と，都市部に開設されている「SCRAP常設店舗」に行く方法がある。筆者は2018年に常設店舗であるアジトオブスクラップ

京都の「公演」に参加した。リアル脱出ゲームには，オリジナルの「公演」もあるが，さまざまなコンテンツとのコラボレーション企画も存在する。たとえば，2011年には『新世紀エヴァンゲリオン』，2012年には『宇宙兄弟』や『バイオハザード』『金田一少年の事件簿』，そして，2013年には『名探偵コナン』，2014年には『進撃の巨人』『DEATH NOTE』『ONE PIECE』などの作品とコラボしている（SCRAP, 2017）。

　このゲームは「公演」と呼ばれている通り，演劇的な要素が強い。公演の参加者は，主催者側が仕掛けた謎を，それぞれが役になりきりながら解いていく。筆者が参加した公演には，参加者だけでなく，主催者側から物語の説明役や，謎解きを進めていく際に必要になるアクターが複数名登場した。また，使用されるモノや場所から，ゲームの世界観を想像することが求められた。たとえば，赤と白のタオルを「肉」としたり，雑居ビルの一室を「城」と見立てたり，という具合だ。

　さまざまなコンテンツとのコラボレーション企画があることからもわかる通り，「今，ここ」とは異なる虚構空間を想像しながら，目の前の謎を解いていくという仕掛けになっている。そこでは，現実空間での役割とは別の「役割」を演じることになり，非日常的な体験ができる。また，この公演への参加は，Twitterでその呼びかけが行われることもある。実際，特定の公演に参加する旨をツイートし，それ以前には面識のない人がそれに呼応して参加し，現地で落ち合う様子がみられた。

　場所やモノに「意味」をもたせる，いわば「ごっこ遊び」をし，それを楽しむためにその「場」に移動するふるまいであるといえよう。現実空間にありながら，日常からは遊離した体験を行う，すなわちリアル（現実）を脱出するという意味での「リアル脱出ゲーム」であると捉えることもできる。

「リアル脱出ゲーム」に限らず，似たような特徴をもった活動に注目が集まっている。たとえば，会話型ロールプレイングゲーム（TRPG）[1]やボードゲームカフェ，サバイバルゲーム，コスプレイベントなどだ。それぞれ，異なる特徴ももっている活動だが，いずれも特定の現実空間（場所）に人が集い，モノを媒介にして，虚構空間を生み出し，そのなかで「演技」することを共同で楽しんでいる。そして，その参加に際しては，情報空間上でのやりとりがなされることもある。

アニメやマンガ，ゲームなどのコンテンツ作品をモチーフにしたミュージカル「2.5次元舞台」（『ユリイカ』2015年4月臨時増刊号；おーち, 2017）や，生身の人間ではなくキャラクターを用いて実施する「ヴァーチャル・ユーチューバー」（『ユリイカ』2018年7月号；にゃるら, 2018）などが人気だが，「2次元」と呼ばれる虚構空間と「3次元」と呼ばれる現実空間との「間」が志向されるあり方には，なんらかの社会的，心理的要因が通底しているように思われる。

5 スマートフォンと観光

カーナビや携帯電話，スマートフォンに表示されるGPS機能付きのデジタル地図（若林, 2018）を用いながら移動することができるようになったことで，人々が移動する際の行動や意識は大きく変容した。これらの体験と紙の地図を見ながらの移動には，一つの決定的な差がある。それは，「自分の位置」を示すものがメディアに表示されていることだ。

当然のことながら，紙の地図に自分の位置がリアルタイムで提示されることはない。自分の位置は，紙の地図に書かれている情報と，

---

1) なおTRPGについては，第2章で，人・モノ・場所のネットワークという視座から考察されている。

自分が見ている景色から得られる情報を照合して,「このあたりにいるはずだ」と推測するしかなかった。ところが,カーナビや,スマートフォンのマップでは,自分がいる位置そのものが画面に表示される。さまざまな要因で実際とは違う場所が示されてしまう不具合もあり,それはそれで議論が必要ではあるが,ここでは,紙の地図との比較として単純化しておく。こうした位置情報機能を応用したゲームがある。なかでも世界各国でリリースされ,大きな社会問題として報道されることにもなった作品が『Pokémon GO』だ(神田他 2018)。

『Pokémon GO』(2016年)は,大きく二つの系譜に位置づけることができるゲーム作品だ。一つは,任天堂が1989年に発売した携帯ゲーム機である「ゲームボーイ」のソフトとして発売された『ポケットモンスター 赤・緑』(1996年)シリーズの系譜である。『Pokémon GO』のゲーム体験で重要なのは,『ポケットモンスター』に登場するモンスター(ピカチュウやイーブイ,コイキングなど)を現実空間を歩き回って捕獲することにある。完全にオリジナルなモンスターではなく,リリース時にすでに絶大な人気を獲得していた「ポケモン」だったことには大きな意味があるだろう。

そして,もう一つは,位置情報ゲームの系譜だ。位置情報ゲームのルーツは,オリエンテーリングやスタンプラリーと考えられ,日本における位置情報ゲームの草分けはフィーチャーフォン用ゲーム『コロニーな生活』(2003年)であるといわれている(德岡, 2015)。位置情報ゲームは,携帯電話のGPS機能を利用したもので,現実の場所を移動することがプレイに影響を及ぼすタイプのゲームだ。

『Pokémon GO』を制作したのはNiantic, Inc.という会社で,この会社は『Ingress』(2013年)という位置情報ゲームを制作していた(Niantic, Inc., 2016)。『Ingress』はgoogle mapを活用して作られたもので,『Pokémon GO』の「ポケストップ」の初期配置には,こ

の『Ingress』の「ポータル」（プレイヤーが立ち寄るべき場所）として，ユーザーによって登録されていた場所のデータが使用されている。

　同じ会社によって制作された『Ingress』と『Pokémon GO』では，google map が活用され，かつ，すでに登録されている場所のデータが用いられてはいるものの，ゲームシステムや世界観，レイアウトなどはかなり異なっている。それゆえに，どちらかの作品しかプレイしたことがない層も多いと思われるが，これをどちらもプレイした場合は，複数の虚構空間が現実空間に重なることになる。

　現実空間を移動しながら，虚構空間内を移動して楽しむと同時に，それを情報空間上に発信することもある（第1章扉写真）。しかも，それぞれの空間は，位置情報によって連結され，現実空間，Pokémon GO 空間，Ingress 空間，という三つの層を行き来しながら楽しむことになる。

　次に，位置情報ゲームとは異なるスマホゲームと観光の関係について『旅かえる』というアプリを事例として考えてみたい。『ねこあつめ』をヒットさせた Hit-Point 社が 2017 年にリリースしたこのアプリは，2018 年 6 月 20 日までに 3,800 万ダウンロードを記録し，そのうちの 78.1% が中国からだったという[2]。

　このアプリを起動すると一軒の家が映し出される。家のなかには一匹のかえるが暮らしており，一定時間が経過すると，かえるはどこかへ出かけていく。その間，かえるは画面からは消えてしまう。つまり，かえるが旅をしている最中の様子はプレイヤーにはわからない。これだけだと何が面白いのかわからないゲームだが，旅先から，あるいは，帰宅後に「写真」をくれるのがミソだ。プレイヤー

---

[2]「中国で「仏系ゲーム」と呼ばれて 3,800 万 DL。「旅かえる」中国でヒットして起こった問題と「ねこあつめ」から受け継いだ拡散されるゲームの仕掛け」〈https://appmarketinglabo.net/tabikaeru-gameshare/（最終閲覧日：2018 年 8 月 3 日）〉

はその写真（イラスト）によって，かえるが誰とどこに行ったのか，何をしていたのかを間接的，断片的に知ることができる。写真のなかには，場所が特定できないものも多いが，特徴的なもの（城や神社，温泉など）が写っている場合もあり，場所が特定できることから，その場所に実際に訪れる人もいる。

　旅という名称がタイトルに入っていることもあるが，この『旅かえる』はどのように「観光」として捉えることができるだろうか。この場合，位置情報ゲームとは異なり，プレイヤーが現実空間上を移動することはゲームプレイに直接影響を及ぼさない。

　類似の構造をもった旅に，ぬいぐるみを旅させるツアーがある。「ウナギトラベル」は，客からぬいぐるみを預かり，本人の代わりに旅をさせる旅行商品を展開している（東・斉藤，2014）。あるいは，江戸時代には，伊勢神宮を参拝するお伊勢参りの方法の一つとして，犬の「代参」があった。これは，人間の代わりに犬がお伊勢参りに出かけて帰ってくるというものだ（仁科，2013）。

　これらは，いずれも本人以外のモノや生き物を「アバター」として，現実空間を移動させ，そのことによって本人の移動を肩代わりをする構造になっている。そのように考えると，アプリ『旅かえる』は，アバターを旅させる構造そのものを虚構空間上で再現したものとして理解することができる。

　スマートフォンが普及したことによって登場したツアー商品もある。その一つがデジタル・デトックス・ツアーと呼ばれる旅行商品だ。デトックス（detox）とは，detoxification の短縮形で，解毒，すなわち，毒を抜くという意味であり，美容や健康法の文脈でも用いられる言葉である。デジタルを解毒するツアーとはどのようなものなのか。ツアーの参加者は，スマートフォンをツアー主催者に預け，旅行中は手にとることができない。ツアーの内容は，五感を使うものや，座禅や写経といった心を落ち着かせるものなど，さまざ

まである。デジタル機器を日々携帯している状態から脱して，自身を取り巻く環境そのものに意識を向けることを志向するものが多い。

つまり，このツアーは，スマートフォンを日々利用している状態が「日常」となり，かつ，それがネット依存やSNS疲れなどの「異常」な事態も引き起こしうる環境であるがゆえに価値をもつものだといえる。まさに「ポスト情報」的な社会において価値が見出されたものだ。近代観光の父と称されるトマス・クックが1841年に鉄道を貸し切って企画した団体旅行は，酒におぼれる労働者を「禁酒大会」に導くためのツアーだったことが思い出される（本城, 1996）。観光とは「差異」を売る産業であり，その差異はメディア環境の変化によっても，もたらされるのだ。

6 観光とアーカイブ

博物館や資料館に所蔵されているモノがコンテンツによってこれまでとは異なる評価を受ける事例が相次いでいる。『艦隊これくしょん』や『刀剣乱舞』『文豪とアルケミスト』といったブラウザゲームをきっかけに，日本各地のゆかりの場所や，ゆかりのモノや情報が集められた施設への来訪が増加しているのだ。これらの作品は，それぞれ戦艦，刀剣，文豪を擬人化したキャラクターたちをコレクションするゲームである。文豪はもともと人間なので，「擬人化」というのも不思議だが，文豪の名を冠された「キャラクター」として現代的なアニメ絵で描かれていると考えてもらえればよい。

コンテンツツーリズムは，観光関係者や地域の関係者から，「モノではなく，コトによって資源価値を上げる観光」と理解されることがある。もちろん，誤りではないが，極端な場合，「モノ」への投資が不要，という理解に陥ってしまう場合もある。実際には，コンテンツと地域が密接に結びつき，地域のイメージを強烈に規定し，

集客効果が持続するものもあれば，効果が一過性のものもある。

　モノそのものより，情報や意味，価値の重要性が強調される一方で，「モノが残る」ことは，人に目指される「観光地」となるうえで大きなアドバンテージになる場合も多い。博物館，図書館，美術館，水族館，動物園，植物園，昆虫館といった施設に共通する特徴は，一定のテーマに基づいて，モノ（や生き物）を収集し，一か所に集めていることだ。

　現代的なコンテンツについていえば，たとえばマンガを集めた京都国際マンガミュージアムや，長崎県佐世保市にあるテーマパーク「ハウステンボス」内のゲームミュージアム，明治大学の米沢嘉博記念図書館などがある。一定のテーマを設定したモノや情報の収集は，そのテーマに関心のある人々の来訪を促すとともに，そこから研究成果や新たなコンテンツの創造が期待できる。

　世界初のストーリー映画といわれる『月世界旅行』（仏・1902年）を生み出したジョルジュ・メリエスは，映画製作事業から手を引く際に，自社スタジオに保存してあったフィルムをすべて焼いてしまったという。そのため，当時製作された映画の多くが失われた。また，『月世界旅行』にはカラー版があった。当時は，白黒フィルムでの撮影だったが，撮影後にフィルムそのものに人の手で色を塗った「彩色版」が存在したのである。そのフィルムの復元には，最新のデジタル技術が必要とされ，その結果，『月世界旅行』のカラー版を見ることができたのは，誕生から100年以上たった2011年であった[3]。

　このように，後に高く評価される可能性をもったコンテンツも，一度失われてしまうと，再現するのは難しい。アニメ『輪廻のラグ

3）この経緯については，映像作品『月世界旅行&メリエスの素晴らしき映画魔術』（2011年・仏，監督：セルジュ・ブロンベルグ，エリック・ランジュ）に詳しい。

ランジェ』の舞台となった千葉県鴨川市では，アニメ聖地巡礼にかかわるさまざまな取り組みがなされた（岡本, 2015a）。そして，その結果，実際に使用した制作資料が地域で保管されることになった。原画やタイムシートなどの制作資料は，それ自体が観光資源になりうるとともに，たとえ作品そのもののデータが何らかの理由で消えてしまっても，アニメ作品を復元するための情報となる。

これに関連して，以下ではゲームのアーカイブについて考えてみよう。ゲームセンターで稼働している筐体ゲームの場合は，保管するための広大な場所が必要になる。また，家庭用ゲーム機の場合は，ソフトはもちろん，再生するためのハードも生産中止になっていってしまう。

ゲームはプレイ環境も含めた保存を考えなければならない。そういう意味では，位置情報ゲームやソーシャルゲームの場合は，さらに保存が難しくなる。その理由の一つとして，ゲームの中身がリアルタイムで変化していく点が挙げられる。たとえば，『Pokémon

図 14-4　『セカイユウシャ』のプレイ画面イメージ[4]

---

4) http://www.appbank.net/2011/03/25/iphone-application/230885.php（最終閲覧日：2018 年 8 月 3 日）

『Pokémon GO』はリリース当初と，2018年7月現在のプレイ経験は大きく異なっている。プレイヤーが集ってボスポケモンと対戦するレイドバトルが可能になったのは，2017年6月からであり，またポケモンの交換が可能になったのは，2018年6月からだ。このように考えると，複数の時点のプレイ環境を保存しなければ，厳密にいえば保存できたことにはならない。

　次に，プレイ環境に人が介在する点だ。オンラインゲームでは，プレイ時点で，不特定多数の複数のプレイヤーがいて初めてゲーム体験が完全なものになるものが多い。そうすると，システムだけでなく，プレイヤー環境も含めて保存されなければ，プレイ体験全体を保存したことにはならない。そもそも，パッケージ販売のゲームとは異なり，コンテンツやプラットフォームの運営主体が運営をやめてしまえば，その時点で，一般の消費者がそのゲームをプレイすることは二度とできなくなってしまう。

　『Pokémon GO』よりも早くAR（Augmented Reality：拡張現実）を活用した位置情報ゲームとして『セカイユウシャ』という作品がある（図14-4）。株式会社アンビションによって制作された本作は，「セカイカメラ」というプラットフォーム上で起動するゲームだ。AR機能と位置情報機能を用いて，現実空間の風景にモンスターを重ねて登場させ，ロールプレイングゲームを楽しめる作品だった。埼玉県とのコラボレーションイベントなども行われ，『Pokémon GO』を先取りしたようなものであったが，『セカイユウシャ』は，2011年12月15日にサービスを停止し，今はもう遊ぶことができなくなってしまった。

　物理的，精神的な人の移動を促すさまざまなコンテンツ資源をいかにアーカイブしていくのかという問題は，観光研究にとっても今後の重要な研究テーマである。

7 ポスト情報メディア時代の観光研究

以上，みてきたように，情報メディアの発展に伴い，観光は，複雑に変化している側面と，変わらない部分とが混在したものとなっている。あるいは，デジタルデトックスツアーのように，変化したことによって，変化前の状態が新たに価値づけられるような現象もみられた。

現代のような変化の激しい時代のさなかにあると，流行り廃りのペースも早い。とはいえ，「一時期の流行りだから」「すぐに廃れてしまうだろうから」といって，それらを記録することを怠ると，人間の創造的営みの痕跡はどんどん失われていってしまう。観光研究には，現実，情報，虚構空間を複雑に移動する人，モノ，場所を丹念に分析し，形として残し続けることも求められている。

●**ディスカッションのために**

1 現実空間，情報空間，虚構空間とは何か。それぞれを本章の記述を用いて説明してみよう。
2 リアル脱出ゲーム，位置情報ゲームのなかから具体的なゲームを一つ選んで，現実空間・情報空間・虚構空間におけるそのゲームのもたらす体験の特徴について調べ，整理してみよう。
3 2の問いで調べたことを周囲の人に説明し，共有してみよう。またお互いに説明した事柄を組み合わせて何か新しいゲームのアイデアが生まれないか，考えてみよう。

●**引用・参考文献**

東 園絵・斉藤真紀子（2014）.『お客さまはぬいぐるみ──夢を届けるウナギトラベル物語』飛鳥新社

江藤茂博［編著］（2009）.『20世紀メディア年表──1901-2000』双文社出版

エリオット, A.・アーリ, J.／遠藤英樹［監訳］（2016）.『モバイル・ライブ

ズ―「移動」が社会を変える』ミネルヴァ書房（Elliott, A., & Urry, J. (2010). *Mobile lives*. London: Routledge.）

遠藤英樹・寺岡伸悟・堀野正人（2014）.『観光メディア論』ナカニシヤ出版

遠藤英樹（2017）.『ツーリズム・モビリティーズ―観光と移動の社会理論』ミネルヴァ書房

おーちようこ（2017）.『2.5次元舞台へようこそ―ミュージカル『テニスの王子様』から『刀剣乱舞』へ』講談社

岡本　健（2013）.『n次創作観光―アニメ聖地巡礼／コンテンツツーリズム／観光社会学の可能性』北海道冒険芸術出版

岡本　健（2014a）.『神社巡礼―マンガ・アニメで人気の「聖地」をめぐる』エクスナレッジ

岡本　健（2014b）.「インターネット」大橋昭一・橋本和也・遠藤英樹・神田孝治［編］『観光学ガイドブック―新しい知的領野への旅立ち』ナカニシヤ出版, pp.250-253.

岡本　健（2014c）.「メディア・コンテンツ・観光―アニメ聖地巡礼とコンテンツツーリズム」遠藤英樹・寺岡伸悟・堀野正人［編］『観光メディア論』ナカニシヤ出版, pp.159-182.

岡本　健［編著］（2015a）.『コンテンツツーリズム研究―情報社会の観光行動と地域振興』福村出版

岡本　健（2015b）.「コンテンツツーリズムの現場からみる空間概念―現実・情報・虚構空間をめぐる観光旅行のありかた」『地理』*60*(6), 20-28.

岡本　健（2016a）.「メディアの発達と新たなメディア・コンテンツ論―現実・情報・虚構空間を横断した分析の必要性」岡本　健・遠藤英樹［編］『メディア・コンテンツ論』ナカニシヤ出版, pp.3-20.

岡本　健（2016b）.「あいどるたちのいるところ―アイドルと空間・場所・時間」『ユリイカ』*48*(12), 243-250.

岡本　健（2017）.『ゾンビ学』人文書院

岡本　健（2018a）.「ポケモンGOの観光コミュニケーション論―コンテンツ・ツーリズムの視点からの観光観の刷新」神田孝治・遠藤英樹・松本健太郎［編］『ポケモンGOからの問い―拡張される世界のリアリティ』新曜社, pp.42-54.

岡本　健（2018b）.『アニメ聖地巡礼の観光社会学―コンテンツツーリズムのメディア・コミュニケーション分析』法律文化社

観光庁（2018）.『観光白書 平成30年版』観光庁

神田孝治・遠藤英樹・松本健太郎［編］（2018）.『ポケモンGOからの問い―拡張される世界のリアリティ』新曜社

小山昌宏（2011）.『情報セキュリティの思想―インターネットにおける社会

的信頼の創造』勁草書房
SCRAP［編］（2017）．『リアル脱出ゲームのすべて―10th Anniversary』SCRAP出版
土屋礼子［編］（2018）．『日本メディア史年表』吉川弘文館
徳岡正肇（2015）．「現実空間に置かれたゲーム」徳岡正肇［編］『ゲームの今―ゲーム業界を見通す18のキーワード』ソフトバンククリエイティブ，pp.123-174.
富田英典（2009）．『インティメイト・ストレンジャー―「匿名性」と「親密性」をめぐる文化社会学的研究』関西大学出版部
富田英典（2014）．「モバイルメディアとツーリズム―リアルとバーチャルの融合」遠藤英樹・寺岡伸悟・堀野正人［編］『観光メディア論』ナカニシヤ出版，pp.101-116.
富田英典［編］（2016）．『ポスト・モバイル社会―セカンドオフラインの時代へ』世界思想社
Niantic, Inc.［監修］／岡安 学［著］（2016）．『INGRESSを一生遊ぶ！』宝島社
仁科邦夫（2013）．『犬の伊勢参り』平凡社
日本観光振興協会［編］（2017）．『平成28年度版 観光の実態と志向―第35国民の観光に関する動向調査』日本観光振興協会
日本観光振興協会［編］（2018）．『平成29年度版 観光の実態と志向―第36国民の観光に関する動向調査』日本観光振興協会
日本政府観光局（JNTO）［編著］（2017）．『日本の国際観光統計2016年』国際観光サービスセンター
にゃるら（2018）．『バーチャルYouTuber名鑑2018』三才ブックス
博報堂DYメディアパートナーズ［編］（2018）．『広告ビジネスに関わる人のメディアガイド2018』宣伝会議
本城靖久（1996）．『トーマス・クックの旅―近代ツーリズムの誕生』講談社
ユール, J.／松永伸司［訳］（2016）．『ハーフリアル―虚実のあいだのビデオゲーム』ニューゲームズオーダー（Juul, J. (2005). *Half-real: Video games between real rules and fictional worlds.* Cambridge, MA: MIT Press.）
ユクスキュル, J. V.・クリサート, G.／日高敏隆・羽田節子［訳］（2005）．『生物から見た世界』岩波書店〔原著1909年〕
若林芳樹（2018）．『地図の進化論―地理空間情報と人間の未来』創元社

事項索引

A-Z
AI（人工知能） 2
ANT（アクターネットワーク理論） 7, 8, 24
AR 225
CGM（Consumer Generated Media） 126
FRP（Fantasy Role Playing = TRPG） 22
JIT（ジャストインタイム）方式 39
OOO（オブジェクト指向存在論） 8
Pokémon GO 219
SNS（Social Networking Service） 58, 189
UGC（User Generated Content） 126
VR（Virtual Reality） 3
ZINE 88

あ行
アイドル 126, 127
アウトノミア運動 79
アウラ 139
アクター 24, 147
アナログゲーム 21
アニメ聖地巡礼 213
アバター 221
アブジェクション 156

位置情報ゲーム 219

インターネットによる就職活動 98
インティメイト・ストレンジャー 2
インフルエンサー 107, 109
——の役割 116

ヴァーチャル・ユーチューバー 218
うわさ 191

エントリー 98

大きな物語 59

か行
街頭スナップ 113
怪物的女性性 157
会話型ロールプレイングゲーム（TRPG） 22

キャンプ 173, 178
求人広告 96
虚構空間 216
虚構世界 21
近代化遺産 203
近代化産業遺産群 203

携帯電話 170, 172
ゲーム
——のアーカイブ 224
アナログ—— 21
進行型—— 22

創発型—— 21
脱出—— 216
リアル脱出—— 216
現実空間 215
現実のルール 21

購買中心点 110
国際観光客到着数 210
コスプレ 57, 61
コスプレイヤー 57, 61
コト消費 134
小（個）部屋訪問型 200
コマのキャラクター性 27
コンテンツツーリズム 222
コンビニエンスストア 37, 53

さ行
サイバースペース 82
サブカルチャー 24, 199
産業遺産 203

自治空間 174
シミュラークル 59
社会運動 170
自由応募 97
就活の情報量 98
就職ナビサイト 94
自由ラジオ 79, 83
情報 3
情報空間 215
情報メディア i
ジョブ型雇用 95

進行型ゲーム 22

ストリーミング配信 78
スナックワールド 50
スマートフォン 177

専属モデル 113

創発型ゲーム 21

た行
脱出ゲーム 216
ダッチワイフ 154
旅かえる 220

知的財産権 49
中動態 146

データベース消費 59
デジタル写真 65
デジタル・デトックス・ツアー 221

動画サイト 210
同類結合 199
読者モデル（読モ） 112-114
取次 46

な行
南極一号 154

2.5次元舞台 218
二次創作 60
日常 177
　　——を出来事化する 178
日本のロールプレイングゲーム（JRPG） 51

は行
廃墟 196, 204-206
　　——趣味 197
　　——ブーム 196
バンドマン 182

ビット 3
人＝メディア 102, 192

ファッションアイコン 107
ファッション誌 108
ファッションの民主化 110
ファッションメディア 108
ファミリーコンピュータ 20
フェミニズム運動 176
複合的メディア 33
複数の虚構空間 220
プチプラ（プチプライス） 111
物流 40
プラットフォーム 84
ブリコラージュ 130

訪日観光客数 212
ポスト情報メディア論 ii
ポストメディア 85
　　——の条件 85
ポストモダン 59
ホビートイ 44
同性愛嫌悪（ホモフォビア） 161

ま行
マス・コミュニケーション 4

mixi 200
　　——コミュニティ 201
ミニFM 78
ミニコミ 88

明示性 22
メイン会場集結型 200
メディア i, 4, 6, 81, 142
　　情報—— i
　　人＝—— 102
　　ファッション—— 108
メディアステージ 174
メディア的 126
　　——形象 126
メディアミックス 13, 39, 40
メディウム 85
メンバーシップ型雇用 95

モード誌 113
物語消費 59
物語の共有 184
モノのメディア論 7

や行
夢の実現物語 182, 185, 187
夢の断念物語 182, 187
弱い紐帯 25

ら行

ライフイベント 188
ライブハウス 183
ラブドール 153

リアル脱出ゲーム 216
リアルドール 155
旅行者の情報発信 213
旅行情報源 212

ロールプレイングゲーム
 会話型—— 22

日本の—— 51

人名索引

A-Z
Bartlett, D. 108
Brown, G. 175
Ernest dit Alban, E. 39
Feigenbaum, A. 174
Galbraith, P. W. 39
Gibson, P. C. 111
Hirsch, E. 6
McCurdy, P. 174
Mora, E. 110, 112
Rocamora, A. 110, 112

あ行
アーリ（Urry, J.） 10-12, 214
アイザック・アシモフ 162
赤塚不二夫 130
東 園絵 221
東 浩紀 59, 60, 82
アレックス・ガーランド 162

飯田 豊 87, 88
石川千穂 184
石黒 裕 162, 163
板尾創路 182
伊藤尚往 78

伊藤 守 7, 84
稲増龍夫 124
今福龍太 81

ヴィリエ・ド・リラダン, A. 151, 156
ヴィリリオ, P. 85
上野俊哉 81, 84, 85
ヴェブレン（Veblen, T.） 111
ウェルズ, H. G. 27
ウォルト・ディズニー ii

エリオット（Elliott, A.） 11, 125, 214
遠藤英樹 8, 212

オウィディウス 164
大澤昌弘 53
大島真夫 96, 97
太田健介 42
太田省一 131
おーちようこ 218
大塚英志 39-41, 48, 59
岡部大介 64
岡本 健 i, 11, 31, 38, 212, 213, 224

小川博司 124
荻野目洋子 130
小倉千加子 125
押井 守 151, 156

か行
ガイギャックス, G. 26
貝沼明華 67, 70
笠原健治 200
ガタリ（Guattari, F.） 6, 83-86, 89, 90
加藤裕治 139
門林岳史 84, 85, 89, 90
兼重 淳 182
川井良介 46
川上徹也 134
神田孝治 219

木島由晶 192
北田暁大 147
キットラー, F. 85
木村至聖 197, 205

國友須賀 140, 142, 143
國友悠一朗 140
クラウス（Krauss, R.） 79
グラノヴェター, M. S.

25
クリード（Creed, B.） 157
栗尾美恵子 114
クリサート, G. 215
クリステヴァ（Kristeva, J.） 157
栗原　亨 196, 198
クレイグ・ガレスピー 153

ケイン樹里安 138
毛原大樹 78

小池一夫 42, 46
香月孝史 128, 129, 131
粉川哲夫 79, 81, 83, 86, 87
國分功一郎 146
小久保浩 44, 45
ゴッフマン, E. 32
小林伸一郎 196
小山田裕哉 155
小山昌弘 215
是枝裕和 162

さ行
崔　容薫 40
齋藤拓也 99
斉藤真紀子 221
齊藤陽介 42
坂田謙司 78, 80
阪本博志 124
佐々木考侍 115
佐藤健二 177
佐藤俊樹 95
さやわか 133

重里俊行 99, 100, 102

清水幾太郎 5, 13
ジャノヴィッツ, M. 4, 5
壽木孝哉 96
ジョルジュ・メリエス 223
シルバーストン（Silverstone, R.） 6

菅山真次 95
スタインバーグ（Steinberg, M.） 13, 14, 18, 33, 38-40
スティーヴン・スピルバーグ 209
スパイク・ジョーンズ 162
スモール（Small, C.） 184

関根麻里恵 154

た行
高月　靖 153, 154
高橋源一郎 171, 172
高橋志行 32
竹村和子 161
武邑光裕 81
田島悠来 124, 125, 134
立石祥子 88
田中大介 10
田中東子 64
谷川　渥 196
多根清史 27
田原　牧 171
田村明史 44, 45

辻　大介 99, 101

手塚治虫 49

ドゥニ・ヴィルヌーヴ 162, 209
東松照明 196
徳岡正肇 219
土橋臣吾 7, 8, 32
ドブレ（Debray, R.） 126
トマス・クック 222
富川淳子 113
富田英典 2, 214, 215
富永京子 175
鳥原　学 65

な行
永井純一 126, 184
中井正一 146, 147
中野征紀 154
中野　哲 184
中道裕大 20
中森明夫 iii
中村高康 102
ナス（Nass, C.） 160
成瀬　厚 184
鳴海淳義 200
難波功士 113, 114

西　兼志 126
仁科邦夫 221
西堀栄三郎 154
西村大志 154, 155
にゃるら 210, 218

根城　泰 39, 43, 45, 46

野中モモ 88, 89

は行

ハーマン（Harman, G.） *8*
馬場康夫 *78*
濱口桂一郎 *95*
原崎惠三 *80*
バルト（Barthes, R.） *108*
ばるぼら *88, 89*

日高六郎 *4, 5*
平木恭一 *39, 43, 45, 46*
平野ノラ *130*
平松絹子 *184*

ファイン（Fine, G. A.） *24-26, 28, 29, 32*
フィオーレ（Fiore, Q.） *77*
フィスク（Fisk, J.） *127*
フィッシャー（Fischer, C. S.） *199*
福井康貴 *96*
ブローデル（Braudel, F.） *110*
ブロンベルグ, S. *223*

ペティ, F. *108, 109*
ベラルディ, F. *83*
ベンヤミン（Benjamin, W.） *139*

ボードリヤール（Baudrillard, J.） *59, 60, 85*
ホール, S. *6*
本城靖久 *222*
本田由紀 *99*

ま行

前川 修 *65, 66*
前畑温子 *202-204*
マクウェール（McQuail, D.） *4*
マクルーハン（McLuhan, M.） *5, 6, 14, 77, 81, 82, 85, 87, 142, 143, 147*
松井広志 *i, 9, 32, 38*
松田美佐 *191*
マット・マクマレン *155*
マノヴィッチ（Manovich, L.） *85*

南田勝也 *184*
宮入恭平 *183, 184*
三宅陽一郎 *22, 23*
宮本隆司 *196*
ミレット（Millett, K.） *176*

村川 忍 *27, 29, 30*
村田晃華 *117*
村田沙耶香 *38*

メアリー・シェリー *162*
メイロウィッツ（Meyrowitz, J.） *10*

毛利嘉孝 *7, 84*
モラン（Morin, E.） *124*
森 隆行 *40*

や行

安田 均 *26-30*

ユール（Juul, J.） *1, 21-23, 216*
ユクスキュル, J. V. *215*
ユベール・ロベール *197*

よごれん *198, 199, 205*
吉田民人 *3*
吉見俊哉 *10, 87*
米澤 泉 *113, 117, 119*

ら行

ラトゥール（Latour, B.） *7, 8, 24*
ラマール（Lamarre, T.） *40*
ランジュ, E. *223*

リーブス（Reeves, B.） *160*
リオタール（Lyotard, J.-F.） *59*

レヴィ=ストロース, C. *130*
レビー（Levy, D.） *164*

わ行

若林幹夫 *87, 143, 144, 147*
若林芳樹 *218*
和田 敬 *80*

執筆者紹介(＊は編者)

松井広志＊(まつい ひろし)
愛知淑徳大学創造表現学部准教授
担当章：第1・2章・第3章(訳)

岡本　健＊(おかもと たけし)
近畿大学総合社会学部准教授
担当章：第1・14章・第3章(訳)

マーク・スタインバーグ
カナダ・コンコルディア大学准教授
担当章：第3章

貝沼明華(かいぬま あすか)
金城学院大学大学院文学研究科社会学専攻博士課程・後期課程，愛知淑徳大学創造表現学部・大同大学情報学部非常勤講師
担当章：第4章

飯田　豊(いいだ ゆたか)
立命館大学産業社会学部教授
担当章：第5章

妹尾麻美(せのお あさみ)
追手門学院大学社会学部准教授
担当章：第6章

藤嶋陽子(ふじしま ようこ)
立命館大学産業社会学部准教授
担当章：第7章

田島悠来(たじま ゆうき)
帝京大学文学部社会学科講師
担当章：第8章

ケイン樹里安(ケイン じゅりあん)
元 昭和女子大学特命講師，社会学者
担当章：第9章

関根麻里恵(せきね まりえ)
学習院大学人文科学研究科身体表象文化学専攻助教
担当章：第10章

富永京子(とみなが きょうこ)
立命館大学産業社会学部准教授
担当章：第11章

野村　駿(のむら はやお)
秋田大学教職課程・キャリア支援センター助教
担当章：第12章

木村至聖(きむら しせい)
甲南女子大学人間科学部准教授
担当章：第13章

［シリーズ］メディアの未来❶
ポスト情報メディア論

2018 年 9 月 30 日　初版第 1 刷発行
2023 年 4 月 20 日　初版第 3 刷発行

編　者　岡本　健
　　　　松井広志
発行者　中西　良
発行所　株式会社ナカニシヤ出版
☎606-8161　京都市左京区一乗寺木ノ本町 15 番地
　　　　　　　Telephone　075-723-0111
　　　　　　　Facsimile　075-723-0095
　　　Website　http://www.nakanishiya.co.jp/
　　　Email　iihon-ippai@nakanishiya.co.jp
　　　　　　　郵便振替　01030-0-13128

印刷・製本＝ファインワークス／装幀＝白沢　正
Copyright © 2018 by T. Okamoto, & H. Matsui
Printed in Japan.
ISBN978-4-7795-1285-8

本書のコピー，スキャン，デジタル化等の無断複製は著作権法上の例外を除き禁じられています。本書を代行業者の第三者に依頼してスキャンやデジタル化することはたとえ個人や家庭内の利用であっても著作権法上認められていません。

ナカニシヤ出版 ◆ 書籍のご案内　表示の価格は本体価格です。

●[シリーズ]メディアの未来

❶メディア・コミュニケーション論
池田理知子・松本健太郎 [編著] 想像する力が意味を創造する──メディアが大きく変容している今，コミュニケーションとメディアの捉え方を根底から問い，対話の中から読者を揺り動かす。　　　　　　　　　　　　　　　　　　　2200円＋税

❷.1 メディア文化論[第2版]　想像力の現在
遠藤英樹・松本健太郎・江藤茂博 [編] 多様な形態のメディアが発達を遂げた現在，私たちをとりまく文化はどう変容しているのか。好評書の改訂版。　　2400円＋税

❸メディア・リテラシーの現在（いま）　公害／環境問題から読み解く
池田理知子 [編著] 3.11以後，根底から揺らぐメディアと私たちの関係を，公害／環境問題を軸に問い直し，新たな対話の地平を拓く。　　　　　　　　2400円＋税

❹観光メディア論
遠藤英樹・寺岡伸悟・堀野正人 [編著] 観光とメディアの未来を探る──モバイルメディアの発展や文化の変容に伴い，揺れ動くメディアと観光の不思議な関係を，やさしく読み解き，未来を探る。　　　　　　　　　　　　　　　　　2500円＋税

❺音響メディア史
谷口文和・中川克志・福田裕大 [著] 音の技術と音の文化が交差する──19世紀から現代に至るまで，音のメディアは，どう変容したのか？　その歴史を詳らかにし，技術変化と文化の相互作用を論じる。　　　　　　　　　　　　　　2300円＋税

❻空間とメディア　場所の記憶・移動・リアリティ
遠藤英樹・松本健太郎 [編著] 空間の意味と可能性を問い直す──テーマパーク，サイバースペース，境界，風景，デジタル地図，震災，祭，観光，鉄道……多様な切り口から現代の「空間」を読みほぐす。　　　　　　　　　　　　　　2700円＋税

❼日常から考えるコミュニケーション学　メディアを通して学ぶ
池田理知子 [著] 立ち止まり，考えて，振り返る──私たちと他者とをつなぐ「メディア」の分析を通して，コミュニケーション学とは何かを学ぶ。　　2000円＋税

❽メディア・コンテンツ論
岡本　健・遠藤英樹 [編] 越境するコンテンツを捉える──現代社会に遍在し氾濫するメディア・コンテンツを理論的，実務的視点から多角的に読み解く。　2500円＋税

❾記録と記憶のメディア論
谷島貫太・松本健太郎 [編] 記憶という行為がもつ奥行きや困難さ，歴史性，そしてそれらの可能性の条件となっているメディアの次元を考える。　　2600円＋税

❿メディア・レトリック論　文化・政治・コミュニケーション
青沼　智・池田理知子・平野順也 [編] コミュニケーションの実践が文化を生み出す──コミュニケーションが「不可避」な社会において，私たちの文化を生成するコミュニケーションの力＝レトリックを事例から検証する。　　　　　　2400円＋税